GÉNÉALOGIE

DE LA

MAISON DE RECOURT;

PRÉCÉDÉE

D'un MÉMOIRE hiſtorique & critique, ſur l'Origine
& les Alliances de cette Maiſon avec celles de LENS,
de LICQUES, & de BARASTRE en Artois : auquel
on a joint l'Extrait des Titres de la Branché
des Seigneurs du SART, & orné du Pennon
généalogique & des Alliances de cette Branche.

A REIMS;
De l'Imprimerie de PIERARD, Parvis Notre-Dame.

Avec Permiſſion de Monſieur le Lieutenant Général de Police.
M. DCC. LXXXII.

AVANT-PROPOS.

LE défaut de connoiſſances ſuffiſantes ſur la Généalogie des différentes Maiſons auxquelles celle de RECOURT fut alliée, ayant empêché l'Auteur de ce Mémoire, d'y joindre ce qui peut avoir quelque rapport avec elles ; le travail immenſe, par les longues recherches qu'il eut fallu faire à cet égard, ne pouvant produire qu'une partie des matériaux néceſſaires à un ouvrage auſſi étendu ; d'ailleurs ſon peu d'aptitude & de connoiſſances relatives à un travail de ce genre, dont il ne s'eſt chargé que comme forcé par les circonſtances détaillées dans le Mémoire qui précéde cette Généalogie ; la crainte auſſi d'être accuſé de s'être laiſſé conduire plutôt par des motifs de vanité, que par celui dont il a démontré la néceſſité, l'ont fait renoncer au projet qu'il avoit conçu d'abord de s'étendre généralement ſur toutes les Alliances de cette Maiſon, & de décrire leurs Généalogies, qui pourroient fournir la matiere d'un volume très-conſidérable : mais il a cru devoir ſe reſtreindre à quelques détails ſur ſon Origine, & quelques Alliances particulieres, ainſi qu'aux moyens qu'il a employés dans la ſeconde partie de ſon Mémoire, pour juſtifier que, quoique ſa Branche en fut ſéparée depuis plus de trois cents ans, elle n'en avoit pas moins conſervé le droit d'être conſidérée dans les Provinces d'Artois & de Picardie, comme étant iſſue de cette Maiſon, qui regarde l'une de ces Provinces comme ſon Berceau.

Quoique la Branche, dont il eſt queſtion dans ce Mémoire, ſe ſoit peu élevée par la fortune & les dignités, en comparaiſon de celles de cette Maiſon, qui en ont été honorées en différents temps, & n'ait pas à leur inſtar, ſaiſit toutes les occaſions de ſe faire connoître (a) : l'Auteur de ce Mémoire, qui en deſcend, a cru par les raiſons y détaillées, devoir rompre le ſilence auquel elle s'étoit toujours aſtreinte ; non-ſeulement pour conſerver ſon droit acquis par la naiſſance, mais encore pour conſerver à ſa Famille, la connoiſſance des événements qui lui ſont ſurvenus depuis, ſa ſéparation d'avec les autres Branches de cette Maiſon, & ſon

---

(a) L'Hiſtoire des grands Officiers de la Couronne.
Les différentes Éditions du Dictionnaire de Moréry.
Les Étrennes à la Nobleſſe, année 1772 & 1773.
Suite du Supplément au Nobiliaire des Pays-Bas.
Mercure de France, Juin 1731 & Avril 1756, &c.

établiffement dans les Provinces qu'elle a habité enfuite. S'il a commis quelque erreur touchant la Généalogie des autres Branches, c'eft en fuivant les Auteurs ci-deffus énoncés ; & s'il a cherché à détruire quelques fauffes opinions depuis long-temps établies à raifon des Alliances de cette Maifon, avec celles de Lens & de Licques, dont elle adopta les Noms & les Armes ; comme on le verra dans ce Mémoire, & particulierement dans les deux Lettres fuivantes, dont les Originaux font dépofés au Cabinet des Manufcrits de la Bibliotheque du Roi, à Paris : ce fut moins auffi le motif de détruire ces opinions depuis long-temps révérées, & de diffiper ces nuages qui fe font élevées à la faveur de ces Noms particuliers que cette Famille adopta ; que celui de faire connoître qu'aprés les derniers Châtelains de Lens du nom de Recourt, fa Branche feule en conferva le Nom & les Armes. Mais fi fa fortune ne fût pas égale à celle des autres Branches ; les événements détaillés dans fa Généalogie, feront le plus fidele témoignage de la feule protection divine à fon égard, & du foin continuel que cette Branche eut de chercher à entretenir la confidération que fon Origine lui avoit tranfmife.

Si quelques perfonnes éclairées en cette matiere, peuvent & daignent augmenter fes connoiffances ultérieures fur l'objet de ce Mémoire ; il recevra toujours avec la plus vive reconnoiffance, toutes les notions qu'on voudra bien lui donner à ce fujet ; quant même, elles ne feroient pas conformes à fes propres lumieres, & aux connoiffances qu'il a acquifes par les recherches qu'il a été obligé de faire depuis plufieurs années.

FAUTES A CORRIGER, ET OMISSIONS.

COmme il s'eft gliffé, dans l'impreffion de ce petit Ouvrage, plufieurs fautes à corriger : il a été jugé à propos de les ajouter ici, afin d'en prévenir le Lecteur, qui les réformera plus aifément.

Page 4, ligne 23, au nom Schoier, lifez, Scohier.

Page 30, ligne 31, après Enquête datée, ajoutez, des 30 Septembre & 6 Décembre 1634.

Page 33, ligne 32, dénomination, lifez, dénominations.

Page 37, ajoutez à l'art. de la Maifon de Licques ; Cette Maifon paroit être éteinte en la perfonne de D^lle. Marie-Catherine de Licques, décédée au mois de Janvier 1778. La Terre de Tofflet paffa dans la Maifon de Carpentin.

Page 94, art. 4, au nom Signieres, lifez, Signier.

Page 99, ligne 26, defcendroient, lifez, defcendroit.

Page 113, ligne 8, au 20 Décembre, lifez, Novembre.

Page idem, ligne 12, ajoutez le 12 Décembre 1777.

Table des Auteurs, ligne 1re, au mot Reogiftre, lifez Regiftre.

EXTRAIT DES MANUSCRITS
DE LA BIBLIOTHEQUE DU ROI.

Art. LENS , *folio* numéroté 616.

Lettre datée d'Amiens, le 16 Juillet 1634.

Monsieur , Encore que je vous honore infiniment & acquiesce en tout & par-tout à votre jugement : j'ai cru cependant ne vous être pas désagréable, si je vous faisois part de quelques Mémoires qui me sont tombés en mains , de la Maison de LICQUES & de LENS , & d'autant plus que je vois que vous avez bien voulu y travailler. J'avoue qu'il y a du Roman & de la Fable ès commencements de la Généalogie ; & que si Noradin (*a*) a été fait & s'est fait reconnoître pour Héritier légitime , il eut aussitôt emporté la Comté de Boulogne, que la Châtellenie de Lens. Je sçais que Cassian , Roi d'Antioche, mourut en 1097, à la prise de sa Ville ; & faudroit qu'il y ait eu un Godefroy, prisonnier au berceau ; que delà il eut été Connétable , & fait merveilles d'armes. Je vois des fautes palpables en la Succession des Roys de Jerusalem : que d'un Baudouin de Bourg, on en fait un Sebourg de la Maison de Gavre, &c. J'estime, Parthenay & Courtenay , une équivoque sur la rencontre des Armes. Je doute de Jausse , & toujours y a-t-il des degrés de manque, vers l'an 1300. Mais je me trouve empêché sur le Nom & Alliances de RECOURT avec LENS ; car cette belle Généalogie l'oublie , & cependant fait prendre les Armes de Recourt à Jean d'Agravin ; mais vous verrez 16 vieux Quartiers de Nicolas, Sr de la Comté, (*b*) qui marient Jeanne de Recourt , Dame dudit lieu, Fille de N. de Recourt & d'Hélene d'Aiguincourt (d'Azincourt) à Jean de Licques, Fils de Jean, Châtelain de Licques, Fils de Jean, Châtelain de Lens , Sr de Camblain , & de Catherine , Baronne de Licques, dont vint Agravin : & un Gentilhomme de la Famille m'a assuré qu'on en a titre. D'ailleurs je vois votre avis conforme aux Mémoires de *Scohier,* de *Le Bouc,* & à ceux *du Trésor de Blandecques* qui allient Christophe, (*aliàs*) Jean de Recourt, à Ide, Châtelaine de Lens , & en sont descendus ceux qui ont depuis porté le Nom de Recourt & de Licques. Y auroit-il point en double Alliance de Recourt avec Lens ? S'il n'y alloit, Monsieur, que de ma curiosité ; je vous avoue qu'elle est satisfaite , & la soumets du tout à votre jugement, comme à un Oracle : mais il s'agit de donner quelque contentement à un bon Ami qui se flatte du Nom de Boulogne, d'Antioche, & encore plus, de celui de Jerusalem, quoiqu'il soit de ceux qui n'y voüent pas de voyage. Je vous demande pardon de l'importunité que je vous donne , & supportez mon ignorance ici , & au reste des notes que j'ai ajouté, & si j'étois si heureux que de pouvoir vous rendre quelque service, honorez moi de vos commandements puisque je suis du plus sincere de mon cœur ,

Monsieur ,　　Votre très-humble , &c.　　*Signé* MONTIGNY.

(*a* (*L'Auteur du Mercure de France, Juin* 1731, *renouvella cette opinion d'après les Mémoires de Jean Scohier. volume coté* V. 3, *page* 161.

(*b*) *Ce sont les Tableaux Généalogiques & armoiriés, mentionnés page* 24, *ligne* 12 *du Mémoire qui précede cette Généalogie : ils sont actuellement dans les mains de l'Auteur de ce Mémoire ; & on y voit encore l'application des Armoiries de la Maison de Licques, sur celles de Recourt, écartelées de celles de Lens.*

AUTRE EXTRAIT D'UNE LETTRE DU P. SOUASTRE, *JESUITE*,
Tirée d'un Manuſcr. Généalog. Reau——Ren,

Datée de Lille en Flandres, le 23 Fevrier 1713.

LE Nom de BOULOGNE que l'on donne au feu Comte de Rupelmonde,
Mary d'une Alegre, (¶) page 1588 du ſecond volume du P. *Anſelme*,, eſt un
Nom qu'aucun de ſes Ancêtres n'a jamais porté, & qu'il n'y a que douze ans
environ, qu'il ne portoit pas lui-même. Le vrai Nom de Mr de Rupelmonde,
eſt RECOURT; quoique les Barons de Licques, aînés des Seigneurs de Recourt,
Châtelains de Lens, ſe ſoient le plus ſouvent ſurnommés de LICQUES, à raiſon
d'une Alliance de Recourt avec Licques, ou plutôt à raiſon préciſément de
la Baronnie de ce Nom qu'ils poſſédoient : car en écartelant comme ils faiſoient
au 1 & 4 les Armes de Lens, & au 2 & 3 des Armes de Licques, (*) en
vertu des Alliances contractées avec ces deux Maiſons; il paroît que ſi la
raiſon d'Alliance avoit motivé le Surnom, celui de Lens auroit dû avoir la
préférence; auſſi le Peré *Anſelme* donne-t-il le Surnom de LENS, à la
plupart des Seigneurs & Dames de cette Maiſon de RECOURT; mais bien
qu'il m'ait paſſé, par les mains, plus de deux cents Titres de cette Maiſon, je
n'en ay vu aucun, où ſe trouve le Nom de LENS, qui aura pourtant fait naître
apparemment à Mr de Rupelmonde, lorſqu'il ſe maria, la penſée de ſe ſurnommer de Boulogne, (Cri, de la Maiſon de Lens, dont il n'eſt pas,) & qui,
dans le fond, ne lui donneroit nul droit de ſe ſurnommer de BOULOGNE,
quand il en ſeroit. Le P. *Anſelme*, à l'occaſion de l'Alliance de Recourt
avec Lens, auroit pu faire mention d'un grand procès que Mrs de Recourt
intenterent autrefois à Mrs d'Aix en Gohelle, qui s'étoient aviſés de prendre
les Armes de Lens & d'en porter le Nom, à raiſon du Mariage d'Eliard d'Aix,
Seigneur dudit Aix, avec N. de Lens, dite d'Annequin, petite Fille de Gilles
de Lens, Baſtard de Lens, dit de l'Eſclave. Je ne ſcais ſi la cauſe a été décidée;
mais je compte que Mrs d'Aix ne quitterent ni le Nom, ni les Armes de Lens,
mais continuerent de les porter ſans adjonction aucune du Nom d'Aix, non
plus que des Armes (†). C'eſt de ces Seigneurs d'Aix, iſſus par Femmes unique-
ment de la Maiſon de Lens, que deſcendoit le Baron d'Aubigny, Pere des
Comteſſes d'Egmond, de Sainte-Aldegonde & de la Princeſſe de Robecque.

(¶) *Voyez page* 62 *de la Généalogie ſuivante.*
(*) *Voyez auſſi ce que nous en avons dit ci-après page* 24, *ligne* 16, *Art. du
Traité* De Juriſprudentia heroica, *ſive de Jure Belgarum circa Nobilitatem.*
(†) *Il fut jugé que les deux Maiſons briſeroient, chacune particulierement,
celles de la Maiſon de Lens. Voyez page* 15 & 16 *du Mémoire ſuivant. La
déciſion de ce procès, rapportée dans pluſieurs Généalogies de la Maiſon de Lens
& Recourt, fait connoître que, celle de Recourt n'étant iſſue de celle Lens, que
par Femmes ſeulement, pouvoit encore moins ſe prétendre l'être des Comtes
de Boulogne, quand on ſuppoſeroit, d'après Scohier, que celle de Lens en étoit
iſſue.*

EXTRAIT

DE L'ARMORIAL GÉNÉRAL

Ordonné par Édit du mois de Novembre 1696.

Généralité d'Amiens. page 260, art. 76.

» PHILIPPES-CHARLES-BARTHELEMI DE LICQUES
» Seigneur de Licques, Boiningh & autres Lieux, Baron dudit
» Licques, (*) & HONORÉE-FRANÇOISE DE BAINAST, fon Époufe,
» portent écartelé au 1 & 4, contre-écartelé d'or & de fable (†)
» & au 2 & 3, bandé d'argent & d'azur de fix pieces à une
» bordure de Gueules (¶) : accollé d'or à un chevron abaiffé de
» Gueules furmonté de trois fafces de même. (§)

(*) *Voyez* page 57, 13me Degré.
(†) Armoiries de la Maifon de Lens.
(¶) Armoiries de la Maifon de Licques.
(§) Armoiries de la Maifon de Bainaft.

Cette Déclaration confignée dans l'Armorial général manufcrit, du Cabinet de Monfieur d'Hozier, Juge d'Armes de la Nobleffe de France, fait préfumer que les Barons de Licques, par défaut de connoiffance de leur Origine & des différentes Branches de leur Maifon, avoient depuis long-temps abdiqué le Nom & les Armes de la Maifon de RECOURT, pour prendre ceux de leur Poffeffion & de leur Alliance ; mais depuis, mieux inftruits à cet égard, ils fe font crus obligés, par des raifons particulieres, de faire inférer le contraire & de reprendre le Nom de RECOURT dans quelques Ouvrages Généalogiques modernes, où il eft fait mention de cette Maifon.

MÉMOIRE

HISTORIQUE ET CRITIQUE

Sur l'Origine & les Alliances

DE LA MAISON DE RECOURT,

Avec celles de LENS, de LICQUES & de BARASTRE, en Artois.

A MAISON DE RECOURT, connue depuis le douzieme fiecle, & que l'Auteur de l'Hiftoire du Cambrefis fait defcendre d'un Puîné de la Maifon de COUCY, a pris fon Nom de la Terre & Seigneurie de RECOURT en Artois, fituée à 4 lieues de la Ville de Cambray, & relevante de la Châtellenie d'Oyfy. On ne peut en fixer l'époque, mais depuis qu'elle a adopté ce nom diftinctif des autres Branches de fa Famille, elle a toujours été comprife entre les plus illuftres de la Province d'Artois, foit qu'on ait égard à fon Ancienneté, à fes Services, ou aux Alliances qu'elle a contractées, tant en cette Province, que dans la Flandres, entre autres avec celles des Châtelains de LENS, & des Barons de LICQUES en Boulonois, dont fouvent elle a porté indiftinctement le Nom & les Armes à caufe de fon Alliance avec les deux Héritieres de ces Maifons.

A ij

Il y a aussi lieu de présumer qu'avant d'avoir adopté définitivement son Nom de R e c o u r t , elle jouissoit d'un Rang distingué, puisqu'à l'instar de plusieurs grandes Maisons de ces Provinces, qui possédoient des Châtellenies, dont elles portoient le nom ; celle-ci possédoit celle des Villes d'Ypres & de Bailleul en Flandres, dont elle a aussi porté le Nom, suivant l'usage ancien, & c'est la raison pour laquelle, elle étoit peu connue sous son véritable Nom, & peut-être encore celle qui a fait soupçonner à l'Auteur de l'Histoire du Cambresis, qu'elle tiroit son origine de la Maison de C o u c y , qui posséda anciennement la Seigneurie de Bailleul, comme on peut voir dans l'Histoire de cette Maison : il auroit pu la confondre, par la même raison, avec celle de B e t h u n e ; d'ailleurs, le rapport des Armoiries de la Maison de R e c o u r t avec celle de C o u c y , a pu lui faire considérer la différence qui s'y trouve comme une marque distinctive entre les Branches d'une même Famille, qui, autrefois se distinguoient par quelques Brisures, ou la différente position des Émaux, d'autres fois encore, en changeant ou variant les Émaux, en conservant, toutes-fois, les principales pieces de leurs Armoiries, auxquelles elles ajoutoient souvent le Cry de la Maison de laquelle elles descendoient.

Quelques Auteurs aussi, (notamment celui du Mercure de France, au mois de Juin 1731,) d'après les Mémoires de *Jean Schoier*, Beaumontois, Chanoine de l'Église de Tournay, Aumônier du Prince de Croy, dont est une Copie au Cabinet des Manuscrits de la Bibliotheque du Roi, la font descendre d'un Puîné des Comtes de B o u l o g n e ; *voyez* tome coté V 3, page 161. (*a*). C'est une erreur fondée sur ce que la Châtellenie de Lens, démembrement

_____

(*a*) Ces Mémoires, connus sous le nom de Jean Schoier, sont plus anciens que lui, à en juger par la note insérée en cet Ouvrage, où il est dit : *Johannes Scohier, hunc Domini F i r m i n i à R u e n n a dono possidet, 27 Maii, anno 1562.* Ces Mémoires ont été transcrits par Monsieur Pierre d'Hozier, Généalogiste, mort depuis en l'an 1660.

5

du Comté de Boulogne, refta plufieurs ſiecles dans la Maiſon de RECOURT. Elle étoit d'ailleurs paſſée antérieurement dans une autre Maiſon, par le Mariage d'ADELE ou ISABELLE DE LENS, Fille de MAINFROY, petit Fils de SOHIER DE LENS, premier Châtelain de Lens, avec EUSTACHE le ROUX, que plufieurs Auteurs ont prétendu être de Rœux, parce qu'il portoit pour Armes, d'Argent à l'Aigle de fable ; mais cela ne peut être, puiſque la Maiſon de Rœux portoit d'Or à 3 Lions de Gueules : il y a apparence que cet EUSTACHE le ROUX étoit iſſu de la Maiſon de Vermandois, ou de celle d'Oyſy, des Châtelains de Cambray, dont plufieurs ont pris le Surnom de Le ROUX, (b) d'autant plus encore ; c'eſt que ces Maiſons poſſéderent, à titre de partage, la Terre & Seigneurie de Chocques en Artois, à eux échue par la Succeſſion de SOHIER le ROUX de VERMANDOIS, Châtelain de Eſpehy, fuivant ſon Teſtament en latin, daté de l'an 1080, & rapporté dans les preuves de l'Hiſtoire du Cambreſis, part. 4ᵉ. page 15, dans lequel il eſt énoncé, après la part qu'il donne à

(b) L'Hiſtoire ancienne nous fait connoître que les Seigneurs Châtelains prenoient ſouvent les Armoiries de leurs Châtellenies. Celle du Cambreſis nous apprend que la Ville de Cambray, depuis des Siecles, porte pour armes d'argent à l'Aigle Impérial de fable, auxquelles elle ajouta enſuite un Ecuſſon d'or à 3 Lions d'azur. Comme une Branche de la Maiſon de Thourotte, qui poſſéda la Châtellenie de Coucy vers l'an 1090, ſous ENGUERRAND, Iᵉʳ Seigneur de Coucy, prit les Armes de cette Maiſon, ainſi qu'on le voit dans l'Hiſtoire de Coucy. De même il paroît vraiſemblable que la Branche de la Maiſon d'Oyſy qui poſſéda la Châtellenie de Cambray, ſous l'Epiſcopat de Lietbert, avec lequel elle eut conteſtation pendant long-temps, & dont il eſt fait mention dans les preuves de l'Hiſtoire du Cambreſis, année 1065, portoit auſſi les Armes de la Ville, ou celles des Comtes de Cambray ; cela juſtifieroit ce que j'avance pour prouver la Filiation d'EUSTACHE le ROUX, des Châtelains de Cambray, Seigneurs d'Oiſy, dont eſt amplement parlé en ladite Hiſtoire, Iᵉʳᵉ partie, page 232, & ſuivantes, & auſſi à l'art. des Comtes de Vermandois, en la même Hiſtoire, 3ᵉ partie, page 1016, & dans les preuves que nous avons citées deſſus.

AMALARIC, fon Fils aîné. *Prætereà do pro portione Hereditaria*, HUGONI *dicto* SOHIERIO *fecundo Genito meo, terras meas de Heriis, Berelgiis, de Irio, &c. tam in Pago Cameracenfi quam Atrebatenfi; item quintam partem terræ meæ de Chocques, in dicto pago Atrebatenfi (partituram) contra* AMALRICUM *Primogenitum meum*. AMALRIC, AMAURY ou AIMERY époufa ADE d'OYSY, Fille du Châtelain de Cambray, dont il eut BAUDOUIN le ROUX, mentionné en l'Hiftoire du Cambrefis, partie IIIe, page 1016; & en celle de la Maifon de Bethune, à l'occafion du Mariage de GUILLAUME de BETHUNE avec CLÉMENCE d'OYSY, Dame de Chocques, pages 107 & fuivante, où il eft dit, que la part de BAUDOUIN, dans la Terre de Chocques, paffa dans la Maifon des Châtelains de Lens. On peut voir, à cet égard, la Généalogie de la Maifon d'Oyfy, dans le chapitre des Châtelains de la Ville de Cambray, Hiftoire du Cambrefis, partie Iere, page 234; & celle de la Maifon de Vermandois, même Hift. part. IIIe, pages 1016 & fuivantes. Les Defcendants de BAUDOUIN & d'EUSTACHE le ROUX prirent enfuite le Nom & les Armes de LENS, comme il fe voit dans un acte d'Échange fait en 1204, entre ledit Euftache le Roux & l'Abbaye de Chocques, auquel pendoient deux Sceaux; l'un à droite, qui repréfente un Aigle de fable avec cette légende, *figillum Caftellani de Lens*, & l'autre de JEAN, fon FILS, qui avoit ratifié ledit Échange, où il eft repréfenté à cheval, portant les Armes pleines de Lens, écartelé d'or & de fable, que lefdits Defcendants d'Euftache le Roux conferverent, en y joignant pour Contre-fcel, l'Aigle, pour mémoire de leur defcendance; comme il eft conftaté par deux Lettres de JEAN de LENS, IIIme du nom, de l'an 1279, dépofées au Cartulaire de l'Abbaye de St Auguftin, & mentionnées dans une Généalogie de la Maifon de Lens, extraite de la Bibliotheque du Roi.

La Châtellenie de Lens refta quelque temps dans cette Famille, qui prit le Nom & les Armes de LENS, & de laquelle font defcendus les Comtes de Rebecques, de Blandecques, les Seigneurs de Louvet, & de Brebieres, qui ont formé plufieurs Branches, de l'une

defquelles eft iffue Isabelle de Lens, devenue, par la mort de
fes Freres, l'Héritiere de la Châtellenie de Lens, Dame de Chocques
& de Camblain; laquelle porta, vers l'an 1300, la Châtellenie
de Lens, les Terres de Chocques & de Camblain, dans la Maifon
de Recourt, par fon Mariage avec Philippe de Recourt,
Sieur de la Comté, Gouverneur du Pays d'Artois, lequel conjointement avec ladite Isabelle de Lens, firent échange en l'année
1312, de leur Châtel & Seigneurie de Chocques, avec Dame
Mahaut, Comteffe d'Artois, moyennant un Droit qu'elle leur
céda fur le Péage de la Ville de Bapaulme (en Artois), dont l'Acte
exifte encore aux Chartres de cette Province, ainfi que plufieurs
Actes y relatifs, & Lettres en forme de *vidimus*, mentionnées en
l'Inventaire defdites Chartres. *Voyez* art. Chocques.

Depuis cette alliance de la Maifon de Recourt avec celle des
Châtelains de Lens, les Defcendants qui eurent en partage la
Châtellenie de Lens, en prirent fouventes-fois auffi le Nom & les
Armes, qu'ils écartelerent avec celles de leur Maifon, & y joignirent
enfuite celles de la Maifon de Licques, à laquelle elle s'allia vers
l'an 1400, par le Mariage de François de Recourt avec Beatrix-
Éleonore de Licques, Fille unique Héritiere de la Baronnie de
Licques en Boulonois, dont quelquefois encore les Auteurs
généalogiques ont confondu le Nom, ainfi que celui de Lens avec
celui de Recourt, & même les Armoiries de cette Maifon;
c'eft ce qui a occafionné plufieurs fois la confufion des Individus
de cette Famille : le Pere *Anfelme* lui-même, dans fon Hiftoire
des grands Officiers de la Couronne, commence la Généalogie
de la Maifon de Recourt, par Jean de Recourt, dit de Lens, à
qui il donne pour Femme Isabelle de Lens, Fille de Jean de la
Chocques & de Marie d'Enne, Dame du Cauroy, & le fait
exifter en 1300. Cette Alliance rapportée dans cette ancienne
Généalogie de la Maifon de Lens & de fes Alliances, dépofée au
Cabinet des Manufcrits de la Bibliotheque du Roi, fait connoître
que ce ne fût que vers l'an 1400, qu'il exiftât, fuivant l'Acte de 1414

qui y eft rapporté, d'une donation faite par lui, à l'Églife de Lens, de 14 liv. 6 f. de Rente annuelle, (qui vaudroit de notre monnoie actuelle la fomme de 81 liv. 6 f. 6 den.) pour prier Dieu pour lui, Dame Marie, fa Femme, JEAN, Chatelain de Lens, fon Pere, & Dame ISABELLE, fa Mere. On voit en cela l'erreur de cet Auteur, qui confondoit ladite ISABELLE, Mere de JEAN de RECOURT, Chatelain de LENS, avec l'Héritiere de la Chatellenie de Lens, qui, cent ans avant, avoit époufé PHILIPPE de RECOURT, Seigneur de la Comté dont nous avons fait mention ci-deffus : il donne auffi au fufdit JEAN de RECOURT, Châtelain de Lens, un Fils qu'il nomme JEAN, & à qui il donne pour Femme CATHERINE de BETHUNE. L'Hiftoire de la Maifon de Bethune en fait mention, page 572, & dit qu'il mourut l'an 1490. Le Pere *Anfelme* dit enfuite que ledit Jean de Recourt & Catherine de Bethune eurent pour Fils FRANÇOIS de RECOURT, qui époufa l'Héritiere de la Baronie de Licques, dont il eut pour Fils, GÉRARD de RECOURT, qu'il dit mort l'an 1375, duquel Gérard de Recourt vint GUILLAUME de RECOURT, l'un des trois Maîtres des Requêtes de l'Hôtel du Roi, vivant l'an 1366, mentionné dans plufieurs Auteurs, *Du Tillet* & autres, & dans le Recueil des Ordonnances anciennes de nos Rois de France. Eft-il poffible que François de Recourt, qui époufa l'Héritiere de Licques vers l'an 1400, dont on voit, fuivant *Moreri* & autres Auteurs, la Veuve tranfiger, en 1418, avec Catherine de Haveskerque, Veuve de Matthieu de Licques, fon Frere; puiffe avoir eu Gérard de Recourt pour Fils, & le dire mort l'an 1375? & que Guillaume de Recourt ci-deffus mentionné en 1366, fut le petit Fils dudit François de Recourt, & Frere de Charles de Recourt, dit de Lens, Amiral de France, qui étoit en la compagnie de Jean, Duc de Bourgogne, lorfqu'il fut tué en 1419, fur le Pont de Montereau-Faut-Yonne. Cela prouve encore l'erreur de l'Auteur de l'Hiftoire des grands Officiers de la Couronne, qui confondant les noms de *Recourt*, de *Lens* & de *Licques*, a pris Mainfroy de Lens, Sire de Rebecque, qui époufa Jeanne de Licques,

Fille

Fille de Hugues, Sire de Licques, vivant vers l'an 1300, pour
François de Recourt rapporté ci-deſſus; ainſi que Gérard de Recourt,
pour Gérard de Licques qui épouſa, vers l'an 1320, Marie de
Mancicourt, mentionné dans l'Hiſtoire du Cambreſis, art.
Mancicourt, part. 3°, page 753 : & a confondu auſſi le retour
de la Chatellenie de Lens dans une autre Branche de la Maiſon de
Recourt, par la mort de MARIE de RECOURT, Héritiere de la
Châtellenie, décédée l'an 1442 ou 43, ſans Enfants d'elle, & du
Sieur Valerand d'Hingettes, ſon Mari, Sieur des Obeaux, Gouver-
neur des Villes de Lille, Douay & Orchies, laquelle fut inhumée
en l'Égliſe de Saint Pierre à Lille. La Châtellenie de Lens retourna
enſuite à JEAN de RECOURT, ſon Couſin, Fils de FRANÇOIS de
RECOURT, qui épouſa l'Héritiere de la Baronie de LICQUES.
Toutes ces confuſions de dates & des Individus d'une même Famille,
prouvent l'incertitude & l'ignorance du Pere *Anſelme* ſur l'origine
de cette Maiſon. Son embarras pour y rejoindre pluſieurs de cette
Famille, dont nous parlerons ci-après, les lui a fait mettre de côté
& paſſer ſous ſilence. *Moréry*, ou ſes Éditeurs, plus circonſpects ſur
le commencement de la Généalogie de cette Maiſon, ont traité
légérement cette partie; dans la premiere édition il n'y eſt fait
mention que de la ſuite des Châtelains de LENS, Seigneurs de
de RECOURT & de CAMBLAIN, juſques vers l'an 1682; la derniere
édition de cet ouvrage comprend pluſieurs Branches; celle des
Barons de LICQUES, celle des Comtes de RUPELMONDE, celle des
Seigneurs de RECOURT & de CAMBLAIN; & paſſe ſous ſilence celle
des Seigneurs de la COMTÉ & celle des Seigneurs des AUTEUX qui
en eſt iſſue, ainſi que celle des Seigneurs de BARASTRE en Artois.

Nous n'entreprendrions pas de ſuivre leur Filiation détaillée dans
les ouvrages que nous venons de citer, ni de répéter ce que tant
d'Auteurs en ont dit, pour augmenter le luſtre de cette Maiſon,
ſi ce Mémoire n'avoit que cet objet pour motif : Nous nous
ſommes ſeulement permis de relever pluſieurs erreurs involontaires,
qu'une ignorance preſque invincible ſur l'origine de cette Famille

B

leur a fait commettre, par la différence des Noms que les diverfes Branches en avoient adoptées, foit en paffant fous filence plufieurs Individus, & même quelques Branches de cette Maifon, ou en commettant les anachronifmes qu'ils ont fait à fon égard, & en donnant à cette Maifon une origine poftérieure à fon exiftence, qu'ils fixent à fon alliance avec la Maifon de Lens, qui leur apporta la Châtellenie de Lens en Artois, par le Mariage d'Isabelle, Châtelaine de Lens, avec Philippe de Recourt, Sieur de la Comté, Gouverneur du Pays d'Artois, dont il eft fait mention en l'Hiftoire du Cambrefis, partie 3e, page 1055 & fuiv. & cité ci-devant. Cette Famille poffédoit, depuis plufieurs fiecles, les Châtellenies des Villes d'Ypres & de Bailleul en Flandres, ainfi qu'il fe voit par la Copie de divers actes mentionés en un Recueil de recherches fur les Familles Nobles de Flandres & d'Artois, mis en ordre & rédigé vers la fin du 16me fiecle, ou peu après, par Mr Le Pez, ancien Religieux de Saint Vaaft d'Arras, dans l'un defquels Regiftre ou Volume coté O, page 44, on trouve une Donation faite l'an 1207, à l'Abbaye de Bracelles en Flandres, par Agnés de Bailleul, Dame de la Comté, & dans un autre Regiftre ou Volume coté L. page 523, un Relief de la Terre & Seigneurie de la Comté, fait au Prévôt du Chapitre de Saint Amé à Douay, l'an 1282, par Hugues, Châtelain de Bailleul, Seigneur de Recourt & de la Comté, en préfence de Baudouin, Châtelain d'Ypres, fon Fils aîné. Il eft prouvé que ces mêmes Terres de Recourt & de la Comté ont toujours été poffédées depuis, par la Maifon de RECOURT, jufqu'en 1660 & 1682. L'on ne peut donc pas contefter fon origine des Châtelains de Bailleul & d'Ypres, auxquels il n'eft pas aifé de remonter auffi, ni de fuivre leur Filiation particuliere, comme celle de la Maifon de Recourt, depuis leur féparation. On en voit un grand nombre dans les preuves de l'Hiftoire des Maifons de Bethune, de Coucy, de Guifnes & de Gand, par André Duchefne, un des plus célebres Généalogiftes de fon fiecle, ainfi que dans l'Hiftoire du Cambrefis,

& les preuves y ajoutées par *Le Carpentier*, fon Auteur, qui font mention de FRUMOLD, l'un des premiers Châtelains d'Ypres, qui exiftoit l'an MCXI.

Les Auteurs qui ont fait la Généalogie de la Maifon de RECOURT, voyant peu de rapport entre cette Maifon & les Châtelains d'Ypres, & de Bailleul, ont préféré de fixer fon Origine à fon Alliance avec la Maifon de Lens, dont nous avons déjà fait mention, & fe font bornés à fuivre avec incertitude fa Filiation pendant plufieurs fiecles, confondant les Châtelains de Lens de la Maifon dé Recourt avec les Branches de celle de Lens, & mettant de côté ceux de la Maifon de Recourt, dont ils ne pouvoient lier l'exiftence à fa Généalogie, tels que PHILIPPE de RECOURT qui, l'an 1106, figna une Donation faite à l'Abbaye d'Arrouaife, par Odon, Sieur de Hames & de Sauffy, du confentement de fa Femme, de Eudes, de Hilvin, & de Gauthier, fes Enfants, en préfence de Godefroy, Évêque d'Amiens, de Jean, Évêque de Therouannes, & de Lambert, Évêque d'Arras, & de plufieurs autres Seigneurs qui fignerent audit Acte, dont il eft fait mention dans les preuves de l'Hiftoire du Cambrefis, page 81 & fuivantes.

DRUON de RECOURT, de même, affifta à la Donation faite à l'Abbaye de Saint Aubert de Cambray, l'an 1106, par Wattier d'Hamelaincourt; & comparut au mois de Décembre de la même année 1106, en l'Affemblée convoquée par Robert de Bethune, Advoué d'Arras, Comte de Flandres, pour terminer un Procès mu entre lui & Henri, Abbé de Saint Vaaft d'Arras, lequel eft rapporté en l'Hiftoire du Cambrefis, part. 3e. p. 655 & 656.

GAUTTIER de RECOURT, fut auffi un des Pleges & de ceux qui affifterent à la Donation faite, l'an 1198, par Baudouin d'Arleux & Agnes de Waencourt, fa Femme, à l'Abbaye du Verger. *voyez* Hift. du Cambrefis, part. 3e, page 97.

HUGUES, Sire de Recourt & de la Comté, Châtelain des Villes d'Ypres & de Bailleul en 1282, & BAUDOUIN, fon Fils aîné, dont nous avons parlé ci-devant.

Philippe de Recourt, Sieur de la Comté, dont nous avons aussi fait mention ci-devant ; allié à l'Héritiere de la Châtellenie de Lens, & connu par l'Inventaire des Chartres de la Province d'Artois, à l'occasion de l'Échange qu'il fit avec la Comtesse d'Artois, en 1312.

Michel de Recourt, Lieutenant des Armées de Philippe de Valois, Roi de France, l'an 1340, l'un des premiers Gaveniers (ou Gouverneur) de la Ville de Cambray en 1357, dont il est fait mention en l'Histoire du Cambresis, art. Gavenier. p. 3e, page 24. & art. Recourt. part. 3e, page 934. Une Fille de cette Maison entra par alliance dans la Maison de la Chatre. Voyez partie 3e, page 382. Une autre entra dans celle des Comtes d'Anneux. Voyez part. 3e, pages 79 & 934. Ledit Michel de Recourt fut l'un des Commissaires nommés par Philippe de Valois, Médiateur de la querelle qui s'étoit élevée, l'an 1334, entre Louis, Comte de Flandres, de Nevers, & de Rethel, & Jean III, Duc de Brabant, à cause de la Ville de Malines, dont il prétendoit la Seigneurie ; voyez Hist. de la Maison de Châtillon, page 153 : il signa le Traité fait entre Philippe de Valois, Roi de France, & Béatrix de Saint-Pol, pour la Châtellenie de Cambray, & les Terres & Seigneuries de Crevecœur, Arleux & Rumilly, dont est fait mention en la même Histoire de Châtillon, page 308 : il étoit Conseiller & Maître des Requêtes de l'Hôtel du Roi, suivant sa quittance donnée au Receveur de la Baillie de Senlis, l'an 1329, & scellée de son Sceau, dont les Armoiries étoient bandées de vair & de Gueule de six pieces au Chef d'or, avec un lambel, laquelle existe encore au Cabinet des Manuscrits de la Bibliotheque du Roi.

Rogues de Recourt, son Fils, mentionné aussi page 414 de l'Histoire de Châtillon ; à cause d'un Procès mu entre le Comte de Saint-Pol & les Échevins de Reims, & jugé par Arrêt du Parlement, l'an 1344.

Bruno de Recourt, Chevalier, servant sous les ordres de Messire Rabace de Hangest, Lieutenant des Armées du Roi, ſuivant ſa quittance du 6 Septembre 1352, ſcellée d'un Sceau portant les Armes ci-deſſus, & dépoſée au Cabinet des Manuſcrits de la Bibliotheque du Roi.

PIERRE de RECOURT cité dans le Recueil des Maiſons illuſtres de Picardie, par *La Morliere*, Chanoine d'Amiens; art. Longueval, part. 2e, page 88; eſt mis au nombre des principaux Seigneurs aſſemblés en l'année 1421, en la Ville de Roye, pour reconnoître Charles VII, Roi de France.

FLORIMOND de RECOURT, l'un des Juges qui comparurent en la Sentence rendue le 4 Juillet 1427, par BAUDOHIN, Seigneur de Noyelles, Conſeiller & Chambellan du Duc de Bourgogne, au profit de Jean de Gouſſencourt, contre les Habitants de la Paroiſſe de Croix. *Voyez* art. Gouſſencourt, grand Nobiliaire de Picardie.

Quelle raiſon, tous les Auteurs généalogiques qui ont traité de la Maiſon de RECOURT, avoient-ils de les obmettre; ſi l'ignorance des ſiecles reculés n'y eut mis un obſtacle invincible? Philippe de *L'Epinois*, Gentilhomme de Flandres, Vicomte de Thérouannes, Sieur de la Chapelle, Auteur d'un ouvrage qui a pour titre, *Recherches des Antiquités & Annales de Flandres, & Nobleſſe du Pays*; imprimé à Douay, chez Marc Wion, l'an 1631. art. Ypres, page 149; a auſſi confondu la Famille des anciens Châtelains d'Ypres & de Bailleul, avec celles des Comtes d'Ypres iſſus des Comtes de Flandres. Ceux-ci portoient pour Armes, de Flandres, c'eſt-à-dire, gyroné, d'or & d'azur de 10 pieces, à l'Écuſſon de Gueule en abyme, & une barre d'argent ſur le tout pour briſure, telles que portoit Guillaume d'Ypres, iſſu des Comtes de Flandres, qui en diſputa la Comté, après la mort de Charles, dit *le Bon*, Comte de Flandres, iſſu de la Maiſon de Dannemarck, qui fut aſſaſſiné en l'Égliſe de Saint Donat à Bruges, le 2 Mars 1127, par Burchard Van-Straet & ſes complices. Guillaume d'Ypres mourut l'an 1164, en l'Abbaye de Looz en Flandres, après ſon retour d'Angleterre, où il avoit été créé Comte de Kent, par le Roi Étienne, ainſi qu'il ſe voit, page 174, dans un Ouvrage

Anglois, contenant les Généalogies & Armoiries des anciens
Ducs, Comtes, & Barons d'Angleterre ; imprimé à Londres, par
Edouard Griffin, l'an 1640, & qui se trouve dans la Bibliotheque
de l'Abbaye de Saint Germain-des-Prés, à Paris, coté XX, 178. On
ignore si les Comtes d'Ypres ont formé plusieurs Branches ; on
voit seulement que Jean d'Ypres, Sire de Reninghem, Fils de
Jean d'Ypres & de Mahaut d'Aire, épousa Beatrix de Saint-Omer,
dont le Fils prit le nom de Saint-Omer, fut Châtelain de Saint-
Omer & Comte de Fauquemberg ; que Alienor, sa petite Fille,
Châtelaine de Saint-Omer, épousa Rasse de Gavre ; Beatrix, leur
Fille, porta encore la Châtellenie de Saint-Omer, la Terre de
Fauquemberg & les autres Biens de sa Maison, dans celle de Fiennes,
par son Mariage avec Moreau de Fiennes, Connêtable de France ;
& qu'étant mort sans enfants, tous les Biens de cette Maison
passerent dans celle de Beaumont, dite *Sance. Voyez* Histoire du
Cambresis, part. 3e, page 841 & suivante. Histoire de la Maison
de Bethune, liv. 2. page 143. & les Notes sur l'Artois, tirées de
l'Almanach de cette Province, art. Fauquemberg. Année 1777.
Les Comtes d'Ypres, comme nous venons de faire voir, portoient
donc les Armes de Flandres. Les Châtelains, au contraire, que
ledit sieur *L'Epinois* confond avec les Comtes, portoient pour
Armes, de Gueule, à la Croix vairée d'argent & d'azur ; & les
Châtelains de Bailleul portoient de Gueule, au Sautoir vairé d'argent
& d'azur. On pourroit présumer, par le rapport de leurs Armoiries,
qu'ils étoient d'une Famille dont les Branches se distinguoient par
la différente position des Emaux. Depuis, la Branche de
Bailleul qui s'est surnommée Doulieux, a conservé les mêmes
Armoiries ; nous ne nous étendrons pas sur sa Généalogie, nous
dirons seulement qu'elle a rempli les principales Charges du Comté
de Flandres, puisque suivant le même Auteur, page 182 de son
Ouvrage, dit, que Josse de Bailleul, Seigneur de Doulieux & de
Stenkerke, étoit Chambellan de l'Empereur Maximillien, & succéda
à l'Office de Grand Bailli de Gand, en 1478. *Olivier Vredius*,

dans le second volume de ses Généalogies de Flandres, imprimées en latin à Bruges, l'an 1642, dont il se trouve un Exemplaire à la Bibliotheque de Saint Germain, côté XX, 161, dit, page 278, que Marguerite de Flandres épousa Louis de Bailleul, Seigneur de Doulieux, Maréchal Héréditaire de Flandres ; de même à la page 350 du même volume, que Charles de Bailleul, Seigneur de Doulieux, Fils de Henry & de Dame N. Van-Wallon, épousa Jeanne de Cleves, de Ravestein, issue de la Maison des Ducs de Cleves.

Les Châtellenies d'Ypres & de Bailleul se trouvoient donc réunies dans la Maison de RECOURT, comme nous l'avons fait voir par l'Acte de 1282, que nous avons rapporté ci-devant. On ignore combien de temps après, elles subsisterent dans cette Maison, & la Filiation de Baudouin, Châtelain d'Ypres, Fils aîné de Hugues, Châtelain de Bailleul, mentionné audit acte. Quelques Notes extraites de la Bibliotheque du Roi, annoncent que ce fût vers l'an 1330, que cette Châtellenie sortit de cette Maison, à cause du parti contraire qu'elle tint dans les guerres de Flandres, contre le Roi de France ; mais la Branche de cette Maison qui conserva les Terres de Recourt & de la Comté, en prit le Nom, & s'allia à la Maison de Lens, dont elle hérita la Châtellenie & en prit aussi le Nom & les Armes, qu'elle écartela depuis avec les siennes ; & postérieurement avec celles des Barons de Liques, par le Mariage de FRANÇOIS de RECOURT avec l'Héritiere de la Baronnie de Licques, dont nous avons fait voir, ci-devant, que l'Époque ne pouvoit remonter que vers l'an 1400. Toutes ces Alliances de la Maison de Recourt prouvent l'éclat dont elle jouissoit anciennement, mais toutes ces différentes adoptions de Noms & d'Armoiries, ont occasionné l'incertitude dans laquelle sont tombés tous les Auteurs généalogiques, sur l'origine de cette Maison, & même un très-grand procès, sous le regne de l'Empereur Charles V, entre cette Maison & celle d'Aix, JACQUES de RECOURT, Baron de Licques, & Châtelain de Lens, ne voulant souffrir que Gilles d'Aix, Seigneur de Grand-Fossé, & Gouverneur de Bethune, portât le Nom de Lens, & les Armes pleines de cette Maiſon, attendu qu'il ne deſcendoit de la Maiſon de Lens, que par les Femmes ; & qu'il avoit intérêt que perſonne ne portât les Armes pleines de ladite Maiſon ; que ceux à qui cela appartenoit de droit. Laquelle querelle vint ſi avant que, comme ils étoient tous deux bien alliés, une bonne partie de la Nobleſſe d'Artois prît le parti de l'un ou de l'autre ; ce dont il y avoit ſujet de craindre une mauvaiſe ſuite ; c'eſt pourquoi l'Empereur en ayant été inſtruit, ordonna au Comte de Rœux, alors Gouverneur du Pays d'Artois, d'en informer, & de terminer cette affaire ; & à cet effet, les Parties ayant été appellées & ouies en ſa préſence & celle du premier Héraut de l'Empereur, il leur fut ordonné que, dorénavant, les Parties ne porteroient les Armes de Lens, qu'avec une briſure fort notable, attendu qu'ils ne deſcendoient l'un & l'autre de la Maiſon de Lens, que par Femmes ſeulement ; de tout quoi en fut dreſſé Acte, dont on remit Copie aux Parties ; & la Maiſon d'Aix briſa ſes Armes d'un Écuſſon de Bretagne, qu'elle quitta depuis. On doit cependant faire quelques réflections ſur l'embarras des Auteurs, pour diſtinguer les Ancêtres de la Maiſon de Recourt, à cauſe des différents Noms qu'ils ont portés, ſur-tout, celui de Bailleul, dont une Branche de la Maiſon de Coucy a porté le Nom, à cauſe de la Terre & Seigneurie de Bailleul en Haynaut. La Maiſon de Bethune, dont la Branche iſſue de celle de Karency, poſſéda auſſi cette Terre de Bailleul, & en prit le Nom. Il y a eu, d'ailleurs, pluſieurs Familles, tant en Flandres, qu'en Artois, & en Picardie, qui portèrent le Nom de Bailleul ; mais la différence de leurs Armoiries fait préſumer qu'elles n'ont point eu la même origine. Il en eſt de même pour la Famille de Lens en Artois, dont nous avons fait mention, & qu'il ne faut pas confondre avec les Seigneurs de Lens en Haynaut, ni avec celle du Pays de Liege, de l'une deſquelles l'Héritiere fut alliée à la Maiſon de Gavre Liedekerke, dont étoit Jean de Gavre de Liedekerke, dit de Lens, mis au nombre des Évêques de

Cambray,

Cambray, mort en 1438, après avoir gouverné son Église pendant 25 ans. *Voyez* Hist. du Cambrefis, art. des Évêques, partie 2e, page 404. Hist. de la Maison de Bethune, page 188, & auffi les Preuves de cette Maison, art. de Bailleul, ainsi que celles des Maisons de Guisnes, de Gand & de Coucy, par le sieur *André Duchesne.* & la Chronique de Jacques de Hemericourt vivant en 1353, réimprimée pour la derniere fois en l'an 1673.

Les Seigneurs de Recourt & de la Comté ont toujours porté, les mêmes Armoiries depuis leur séparation d'avec les Châtelains de Bailleul en 1300, c'est-à-dire, Bandé de Vair & de Gueule de six pièces, au Chef d'or. Il n'est pas aisé de connoître l'Origine des Armoiries vairées, adoptées, tant en France, qu'en Flandres & autres Provinces adjacentes, par plusieurs Maisons anciennes, dont il seroit aussi difficile de donner le détail, que des différentes manieres dont ces Maisons les ont employé. (*) Si on

---

(*) Notamment les Maisons de Guisnes, de Coucy en Picardie, ainsi que celles de Barlaymont & de Floen, au Pays d'Haynault, qui en sont issues ; suivant la Chronique de Hemericourt : les Maisons de Fontaine, de la Motte, & de Moullaert en Picardie ; Châtillon, Harzillemont, Oriocourt, & de Veyne, ainsi que celles de Maubeuge, & de Saillant en Champagne ; Celles de Angier, de Besné, du Bois-de la Salle, de Crefolles, du Frenay, Gourvinet, Guergolay, Kernevenoy, l'Esquern, du Louet, Michiel, de la Motte, Peftivien, du Verger, & de la Roche en Bretagne ; Celles de Bauville, Billes, Bontan, Borel, Fontaine, Govin, Launay, la Pallue, & Roffé en Normandie ; Celles de Baufremont, des Comtes de Saulon, des Granges, Langeac, Pracontal, & de Vichy en Bourgogne ; Celles de Bailleul, de la Barre-Moufcron, Beaumont, Boudet, Bours, Carpentier, Château-Brognard, Château-Giron, Caulier, le Coq-Van-Opynen, Coucy, Fay, Fontaine-d'Efturgel, Fontaine-Neuville, Hennequin, la Haye, Hardicourt, Longueval, du Lys, Maillard, Melin, Monftrelet, de la Motte, Reffin, Rivery, & Rouveroy en Flandres, suivant l'Extrait de l'Hiftoire du Cambrefis ; & une infinité d'autres au Pays de Liege, citées en la Chronique de Hemericourt, ; savoir ; Awir, Awans, Lexhy, Skendermale, Louchin, Juprelle, Tongres, du Bois-de Melin, du Cange, Houtain, Hanut, Huftin, Château-Sclins, Selnzelles, Bernalmont, Mopertinghem, Geneffe, Ohey, Corbais, Chapelle, Crifgnée, Lentes, Scleffin, Noville, Nivelle, Holgnoul, Many, Fraykin, Bruftem, &c.

C

peut en inférer quelque analogie entre elles; l'ancien ufage de cette efpece d'Armoirie obfcurcit toutes les idées qu'on pourroit prendre à cet égard; & fait tomber le fentiment de *Lallouette*, fur l'Origine des Armoiries de la Maifon de Coucy, de Longueval, de Châtillon, & autres, en fon Traité de la Nobleffe; p. 83 & 84.

Nous n'entreprendrions donc pas de décrire la Généalogie entiere de la Maifon de Recourt, dont il n'en refte plus qu'une Branche, fans la raifon du filence des Auteurs généalogiques à fon égard; & fi, fans nous arrêter fur ce que l'Auteur du Mercure de France, dont nous avons déjà fait mention, a dit dans fon ouvrage, nous nous fommes permis de relever quelques erreurs de celui de l'Hiftoire des grands Officiers de la Couronne, fur l'Origine de cette Famille, c'eft qu'il eft le plus connu; on pourroit en faire de même à l'égard de bien d'autres Auteurs : mais nous nous bornerons feulement à fixer, à peu d'années près, l'extinction des différentes Branches, dont la Généalogie eft rapportée dans cet ouvrage, & à donner des preuves certaines de l'identité de celle qui exifte encore, avec les autres de cette Maifon, quoiqu'il n'en foit pas fait mention dans ce même Ouvrage. De tous les Auteurs généalogiques qui ont, ci-devant, fait mention de la Maifon de Recourt, de fon Origine, ou de fes Alliances avec beaucoup d'autres illuftres, tant en Flandres, que dans la Province d'Artois, il en eft peu qui aient eu connoiffance de celle qu'elle eut avec la Maifon de Baraftre, dont eft iffue la Branche des Seigneurs du Sart qui, depuis leur fortie de la Province d'Artois, s'établirent pendant quelque temps dans le Cambrefis, & poftérieurement dans la Terre, & Seigneurie du Sart, dont ils font en poffeffion, depuis près de deux fiecles, par le Mariage de George de Recourt, avec Anne d'Ostat (ou) d'Hostat, Fille de Jean & de Anne de Hodieq, Dame du Sart, par contrat du 6 Mai 1598. Leur Établiffement ancien dans la Province d'Artois; la poffeffion conftante des mêmes Armes dans leur Branche, depuis leur fortie de cette Province, tout concourt à juftifier leur idendité avec les autres Branches de cette Maifon, qui ont exifté en Flandres, en Artois & dans le Boulonois, fous les différentes dénominations de leurs poffeffions, & qui fe font éteintes fucceffivement ; comme on le verra dans la Généalogie de cette Maifon. Celle qui a confervé la Terre & Seigneurie de Recourt, ainfi que la Châtellenie de Lens & la Seigneurie de Camblain, s'eft éteinte, vers l'an 1682, en la perfonne de François de Recourt, Seigneur de Recourt & de Camblain, le dernier des Châtelains de Lens, n'ayant laiffé qu'une Sœur, alliée à Louis de Velasco, Comte de Salazar, Grand Maître de l'Artillerie d'Efpagne. Celle des Seigneurs d'Allennes, plus connue fous le Nom des Auteux, s'eft éteinte vers le même temps, en la perfonne d'Antoine de Recourt, que l'on voit, encore en 1660, recueillir au nom de fon Pere, la fucceffion de Marguerite Yong, fa Coufine, & tranfiger pour la Dot de Marie de Recourt, dite de Licques, fa Tante, Veuve d'Adrien le Loup, & Tutrice de fes Enfants. Celle des Seigneurs de la Comté, finit vers l'an 1600, en la perfonne de Jeanne de Recourt, dite auffi de Licques, laquelle époufa Henri-François de Bery, mentionné dans le grand Nobiliaire de Picardie ; art. de Bery : fes Freres moururent fans Enfants. Celle des Comtes de Rupelmonde, s'eft éteinte en l'année 1745, par la mort de Yves-Marie de Recourt, Comte de Rupelmonde, Maréchal-des Camps & Armées du Roi, décédé au fervice de S. M. T. C. en l'Action & Combat qui s'eft livré le 15 Avril de ladite année, près de Pasfenhoven en Baviere, entre l'Armée de France & celle d'Autriche. Enfin celle des Barons de Licques, s'eft éteinte le 21 du mois d'Octobre 1771, en la perfonne de Ferdinand-Gillon de Recourt, dit de Lens & de Licques, Baron de Licques en Boulonois, laiffant pour uniques Héritieres trois Demoifelles, dont l'aînée eft entrée par Alliance dans la Maifon des Comtes de Beaufort en Artois ; la 2e, dans celle des Comtes de Ghiftelles en en la même Province ; & la 3e, dont ignore l'Alliance.

L'Auteur des Affiches de Picardie avoit annoncé au mois de

C ij

Décembre 1771, que la Maison de RECOURT, dite de Lens & de Licques étoit éteinte, par la mort dudit Sieur Baron de Licques décédé, comme il eſt dit ci-deſſus, le 21 Décembre 1771. Cette erreur qui s'eſt renouvellée pluſieurs fois, & détruite de même, notamment dans le Mercure de France du mois d'Avril 1756, a mérité l'attention des Seigneurs du Sart qui ont eu ſoin de faire inférer le contraire dans le Journal des Affiches de Picardie, au mois d'Avril 1772.

Quittant tous ces objets contenus en la Iʳᵉ Partie de ce Mémoire, qui ne tendoient qu'à faire connoître l'Origine de la Maiſon de RECOURT, ſes Alliances avec différentes Maiſons, l'extinction des Branches dont la Généalogie eſt rapportée dans pluſieurs Auteurs; & à relever quelques erreurs qu'ils avoient commiſes à ſon égard, & qui pourroient influer ſur le ſentiment des perſonnes qui s'occupent à la Recherche des Familles & des Alliances qui y ont rapport; Nous nous renfermerons dans les ſeules bornes que nous nous propoſons dans la IIᵉ partie, leſquelles ſont, de prouver que les Seigneurs du Sart, iſſus de la Branche de la Maiſon de Recourt alliée à la Maiſon de Baraſtre en Artois, & qui ont poſſédé la Terre de Baraſtre, depuis le Mariage de COLARD (ou) NICOLAS de RECOURT avec l'Héritiere de Baraſtre, forment une Branche iſſue de la Maiſon de Recourt en Artois; nous nous appuierons, d'ailleurs, des témoignages de la Maiſon de Bacquehem qui a depuis poſſédé la Terre de Baraſtre; de celle de Hericourt, alliée à cette Branche de la Maiſon de Recourt; & de celui auſſi de celle de Habarc qui tiroit ſon Nom d'une Terre conſidérable de la Province d'Artois, où elle a toujours tenu rang parmi la haute Nobleſſe du Pays. dès l'an 1250 environ.

IIᵈᵉ Partie. IL ſuffiroit, à la Branche de la Maiſon de RECOURT, connue depuis près de deux ſiecles, ſous le Nom des Seigneurs du SART, d'avoir été maintenue dans ſa Nobleſſe en 1599, en en 1668, & en 1700, & reconnue originaire de la Province d'Artois, pour être conſidérée comme une Branche de cette

Maison illuftre, dont nous avons fait mention dans la Ire partie de ce Mémoire. Mais l'Affertion avancée dans les papiers publics de la Province de Picardie, le 7 de Décembre 1771, qu'après la mort de M. le Marquis de Licques de la Maifon de Recourt, il ne fubfiftoit aucune autre Branche de cette Maifon, doit être un motif affez confidérable pour les Seigneurs du Sart, de détromper la Province, fur un Fait de cette nature. Cette Branche eft d'autant plus intéreffée à conferver le droit d'être regardée comme iffue de la Maifon de Recourt, qu'en en faifant partie; elle ne pourroit fans deshonneur, garder le filence en cette occafion. Si, dans le temps, les Seigneurs du Sart fe font bornés à faire une déclaration pure & fimple du contraire, dans les mêmes papiers publics de Picardie, le 11 Avril fuivant en 1772, c'eft qu'ils l'avoient ignoré pendant l'efpace de temps qui s'eft écoulé d'une date à l'autre, & que l'Auteur de ce Mémoire, s'étant propofé de détruire cette Affertion, a voulu fe mettre a portée de le faire par des recherches qui, en éclairant non-feulement fa Famille, mais encore le Public, puiffent fervir de preuves certaines de l'identité de fa Branche, avec celles dont on a parlé dans la Ire partie. La fimple Déclaration du mois d'Avril 1772, devoit attirer une replique de la part de ceux qui avoient annoncé le contraire, au mois de Décembre 1771 : mais ils fe font tus, & leur filence, depuis plus de dix ans, devroit être regardé comme une reconnoiffance formelle de la vérité qu'ils ne pouvoient contefter. On pourroit en conféquence fe croire difpénfé d'y répondre de nouveau : mais on ne peut s'empêcher de leur faire quelques reproches de leur ignorance des différentes Branches de cette Maifon, & de s'être autorifés de l'incertitude de quelques Auteurs généalogiques fur fon Origine, ainfi que de leur filence à l'égard des Seigneurs du SART, dont nous conftaterons le droit de fe dire iffus de cette Maifon. 1°. Par l'autorité & l'autenticité des Auteurs qui ont fait mention des Seigneurs de BARASTRE, d'où font fortis ceux du SART, avant leur établiffement en Picardie. 2°. Par leurs alliances & leur domicile en Artois, au vu & su des autres Branches de la Maison de RECOURT. 3°. Par la possession constante des Armoiries de cette Maison, qu'il ne faut pas confondre avec celles des Maisons de LENS & de LICQUES, que quelqu'uns de cette Maison ont non-seulement écartelé avec les leurs, mais même adopté particuliérement, comme il sera dit ci-après. 4°. Enfin par les pieces justificatives de leur Généalogie, depuis leur sortie de la Province d'Artois.

La Morliere, Chanoine de l'Église d'Amiens, Auteur d'un Ouvrage intitulé ; *Antiquités d'Amiens & Recueil des illustres Maisons de Picardie*, imprimé à Paris, chez Sébastien Cramoisy, en 1642 ; après avoir parlé avec distinction de la Maison de RECOURT, en plusieurs endroits de son Ouvrage, dit, page 248 de l'in-folio, Art. Mailly ; qu'une Fille de Gilles de Mailly & d'Isabeau de Wavrans, sa premiere Femme, épousa GÉRARD de RECOURT, d'où vint COLARD de RECOURT, qui épousa Guillemette de Barastre, Héritiere de Philippe de Barastre.

Le P. *Anselme*, Augustin déchaussé, dans un de ses Ouvrages intitulé *Le palais d'honneur*, où il traite de l'origine des Armoiries, & de celles de plusieurs Familles de France, imprimé à Paris, chez Étienne Loison, en 1664, établit aussi la même Alliance de Gérard de Recourt avec une Fille de la Maison de Mailly, que dans son Ouvrage qui a pour titre, *Histoire des grands Officiers de la Couronne de France*, il fait descendre de la Maison de RECOURT, en Artois.

Le *Carpentier*, auteur de l'*Histoire du Cambresis*, imprimée à Leyde en 1664, faisant mention de la Maison de RECOURT, qu'il met au nombre de celles qui portoient Bannieres en la Province d'Artois ; Voyez 3e Part. page 155, & quil fait descendre d'un puîné de la Maison de Coucy ; Voyez Art. Recourt, 3e Partie, page 934, dit à l'Art. de Barastre, que cette Terre & Seigneurie entra dans la Maison de Recourt, par alliance de cette Maison avec l'Héritiere de Barastre.

Feu M. *Albert-Louis-Emmanuel Bultel*, fecond Préfident au Confeil Souverain d'Artois, qui a fait l'inventaire des Chartres du Pays d'Artois, & Auteur d'un petit Ouvrage intitulé, *Notices fur l'Artois*, imprimé à Paris chez Guillaume Defprez, en 1748, dit à la page 338, Art. Baraftre, que cette Terre tomba dans la Maifon de Recourt (des Châtelains de Lens) en Artois, qu'il dit enfuite, page 383, Art. Recourt, être éteinte vers le commencement de ce fiecle. Son témoignage pour la tranfmiffion de la Terre & Seigneurie de Baraftre dans la Maifon de Recourt, doit être admis d'après la connoiffance qu'il pouvoit & devoit avoir de ce qui étoit du reffort du Confeil d'Artois; mais d'avoir fait éteindre la Maifon de Recourt au commencement de ce fiecle, c'étoit un paradoxe de fa part, & fon erreur étoit occafionnée par la différence des Noms, que chacune des Branches de la Famille portoit, & dont aucune n'éxiftoit alors dans la Province d'Artois, depuis la mort de François de Recourt, Seigneur de Recourt & de Camblain, le dernier des Châtelains de Lens, dont nous avons parlé dans la première partie de ce Mémoire. Les Barons de Licques, étoient domiciliés en Boulonois: les Comtes de Rupelmonde, à Paris; & les Seigneurs du Sart, en la Province de Picardie & Généralité de Soiffons. Auffi fon Affertion fur l'extinction de la Maifon de Recourt, fe trouve-t-elle détruite dans les divers Auteurs généalogiques qui ont traité de cette Maifon; tels que l'Hiftoire des grands Officiers de la Couronne; le Dictionnaire de *Morery*, édtion de 1759; & encore dans quelques Journaux, tels que le Mercure de France du mois de Juin, années 1731 & 1745 & depuis en celui du mois d'Avril 1756; où il eft fait mention des différentes Branches de la Maifon de Recourt, à l'exception de celle qui avoit été alliée à la Maifon de Baratre. Si Mr *Bultel*, dans l'ignorance où il étoit des Noms que les différentes Branches de cette Maifon portoient avec le leur, pour fe diftinguer, n'eut pas cru fi légerement, qu'après l'extinction de celle qui avoit confervé les Terres de Recourt, de Camblain & la Châtellenie de Lens, il

n'en fubfiftoit aucune, & fi il fe fût donné la peine de faire
des recherches fur la Filiation de la Branche de Recourt qui avoit
été alliée à la Maifon de Baraftre, il eut pu la fuivre dans la Généalogie des Seigneurs du Sart : mais comme cette Branche depuis
fa tranfmigration de la Province d'Artois en celle du Cambrefis,
& poftérieurement en celle de Picardie, jufqu'à fon établiffement
dans la Terre & Seigneurie du Sart, n'avoit confervé aucune
liaifon avec les autres Branches, en Artois ; cela a pu l'induire
dans cette erreur : de même, s'il eut fu que les Branches des
Barons de Licques & des Comtes de Rupelmonde étoient de la
Maifon de RECOURT, dont elles en avoient quitté le Nom & même
les Armes, comme cela fe voit dans quelques Tableaux généalogiques
& armoiriés, qui, vraifemblablement, ont fervi de productions
dans quelques circonftances que l'on ignore ; ainfi que dans un
Tableau généalogique de la Maifon des Comtes de Lalain, inféré
dans un Ouvrage Latin, qui a pour titre, *Jurifprudentia Heroica,*
five de Jure Belgarum eirça Nobilitatem, imprimé à Bruxelles,
chez Balthazar Vivien, l'an 1668, il n'eut pas avancé ce paradoxe,
en connoiffance de caufe. Ainfi ce que M. *Bultel* a pu dire en cela
de contraire à la vérité, ne pouvant être regardé que comme une
erreur qui ne doit pas lui être imputée en mauvaife part, ni lui
mériter de vifs reproches ; cette erreur auffi ne doit pas
influer fur le jugement d'un Lecteur impartial, qui fe donnera la
peine d'examiner fcrupuleufement les preuves juftificatives de la
Généalogie des Seigneurs du Sart, depuis l'Alliance de leur Branche
avec l'Héritiere de la Maifon de Baraftre, dont M. *Bultel* n'a pas
eu plus de connoiffance que des autres Branches qui ont exiftées
depuis l'extinction de celle qui étoit reftée en Artois, & qui eft
finie, comme nous l'avons dit ci-devant, en la perfonne de
FRANÇOIS de RECOURT, Seigneur de Recourt & de Camblain, le
dernier des Châtelains de Lens.

On ne peut pas, d'ailleurs, arguer de l'ignorance de la Province,
fur la Filiation des Seigneurs du Sart, depuis leur fortie de l'Artois.

Celui

Celui, (M. le Préfident *Bultel*,) qui a dit que la Terre de Baraftre étoit tombée dans la Maifon de Recourt, connoiffoit donc bien le rapport de la Branche de cette Maifon alliée à celle de Baraftre, avec les autres Branches de la Maifon de Recourt ; il l'a inféré dans un Ouvrage connu de toute la Province d'Artois. Cet Ouvrage eft dans les mains de tout le monde ; fon Auteur & fa qualité lui donnent toute l'autorité & le droit à l'eftime publique ; & cette raifon feule feroit fuffifante pour prouver l'origine ancienne des Seigneurs du Sart. Si par erreur, il a dit que la Maifon de Recourt étoit éteinte, c'eft qu'il ne connoiffoit pas la Filiation des Seigneurs du Sart, depuis l'Alliance de leur Branche avec la Maifon de Baraftre. Nous dirons encore plus, que fans s'arrêter à cet Ouvrage de M. *Bultel* cité ci-devant, on ne pourroit pas encore oppofer l'ignorance de la Province fur la Filiation des Seigneurs du Sart depuis ce temps ; il fuffit que leur Branche ait été domiciliée en Artois, dans le temps que les autres y exiftoient ; d'ailleurs la diftance de cinq à fix lieues qui les féparoit, étoit fi peu confidérable, qu'il n'étoit pas difficile d'apprendre d'un moment à l'autre, fi une Famille étrangere étoit venue s'établir dans la Province, & prendre le Nom & les Armes d'une autre connue depuis long-temps. On voit au contraire des Alliances de la Branche d'où fortent les Seigneurs du Sart, avec les Maifons de Bacquehem & d'Héricourt, Maifons bien connues en Artois. En outre, ALEXANDRE de RECOURT, Seigneur de Baraftre, de Sarton & de Grandcourt, Fils aîné de COLARD de RECOURT, qui époufa l'Héritiere de Baraftre, comparut à la rédaction de la Coutume de Bapaulmes en Artois, au mois de Juillet 1509, & il la figna avec les principaux de la Gouvernance dudit Bailliage ; ce qu'il eft aifé de juftifier, en ouvrant la Coutume & le Procès-verbal de vérification & rédaction de ladite Coutume locale & particuliere, du 3 de Décembre 1741, page 338 de l'in-4°. Son Alliance auffi avec la Maifon de Habarc, & celle des Enfants de CATHERINE de RECOURT, fa Sœur, avec la même Maifon bien connue en la Province d'Artois, ne laiffent aucun doute fur la

D

reconnoiffance de la Province, à l'égard de l'extraction des Seigneurs de Baraftre, de la Maifon de Recourt en Artois. Robert de Recourt, fon Frere, fecond Fils de Colard de Recourt, étoit domicilié à Cambray, à caufe de fon Mariage, avec une Fille de la Maifon de Louverval, Maifon Patricienne du Cambrefis, & connue en Artois. Les Actes de rapport entre eux, & autres relatifs, foit à Catherine de Recourt, leur Sœur, ou à fes Enfants, juftifient leur qualité réciproque. Et la Filiation de la Branche des Seigneurs de Lefdin, puis du Sart, iffus des Seigneurs de Baraftre depuis l'Alliance de Colard de Recourt avec l'Héritiere de Baraftre, & depuis fa tranfmigration dans le Cambrefis, ne peut être conteftée ; comme on le verra ci-après dans la Généalogie, & l'Extrait des preuves.

Nous avons rapporté dans l'Article précédent, l'Alliance de la Branche de la Maifon de Recourt dont font iffus les Seigneurs du Sart, avec la Maifon de Bacquehem, & auffi avec celle de Habarc, pour juftifier le domicile de cette Branche dans la Province d'Artois. Effectivement cette Alliance conftatée par le contrat de Mariage du 19 Mars 1522, de Jeannette de Recourt, Fille de Robert de Recourt & de Marie de Louverval, avec Robert de Bacquehem, & plufieurs Actes de Bonne de Habarc, Femme d'Alexandre de Recourt, ne fervent pas peu à contredire ce que M. *Bultel* a dit dans fon Ouvrage ci-deffus mentionné, & à détruire l'affertion de l'extinction de la Maifon de Recourt, par la mort de M. le Baron de Licques, dont nous avons déja parlé au commencement de cette feconde partie. Nous nous fervirons de cette même Alliance pour juftifier du port des mêmes Armoiries de la Maifon de Recourt, dans la Branche des Seigneurs de Baraftre, & depuis dans celle des Seigneurs du Sart jufqu'à nos jours. On voit dans plufieurs Épitaphes de l'Églife de Baraftre, les Alliances de la Maifon de Bacquehem décrites par des Armoiries qui juftifient, non feulement l'Alliance de la Maifon de Bacquehem avec les Seigneurs de Baraftre, de la Maifon de Recourt ; mais encore le Port des Armoiries de la Maifon de Recourt, ufité par les Seigneurs de Baraftre, & enfuite auffi par

les Seigneurs du Sart, comme on peut le juftifier encore par l'enregiftrement de ces mêmes Armoiries, en l'année 1697, dans l'Armorial
général de France, à l'Article de François de Recourt, Chevalier
Seigneur du Sart, qui avoit obtenu, dès l'an 1668, un Arrêt de
maintenue dans fa Nobleffe, lors de la recherche qui fe fit en ce
temps, des Ufurpateurs de la Nobleffe dans toutes les Provinces
du Royaume de France, & depuis encore en 1700.

Nous pourrions borner ici toutes les preuves de l'identité des
Seigneurs du Sart avec les autres Branches de la Maifon de Recourt;
mais ne voulant rien laiffer à defirer, nous avons cru être obligés
d'ajoûter une obfervation fur la poffeffion des Biens, & fur la
liaifon des différentes Branches de cette Maifon. La tranfmiffion
des Biens d'une Famille dans une autre, eft généralement une preuve
d'aliénation, foit par vente, achat, donation, & mutation par
échange, ou une preuve certaine d'un partage qui réfulte de
l'Alliance qui fe trouve entre elles: ors, les Terres & Seigneuries
de Sarton & de Grandcourt en Artois, jadis poffédées par la Maifon
d'Enne, (ainfi qu'il eft prouvé dans l'Hiftoire du Cambrefis, Article
Enne, Partie IIIe, pages 522, 526 & fuiv.) font paffées dans la
Branche de la Maifon de Recourt, connue depuis fous le Nom
de Baraftre, comme on le voit par Titres, dont partie entre les
mains des Seigneurs du Sart, & l'autre dans celles de Meffire *Charles-
Oudart de Mailly*, Seigneur actuel de la Terre de Baraftre. La
tranfmiffion des Terre & Seigneurie de Sarton & de Grandcourt,
de la Maifon d'Enne, dans la Maifon de Recourt, juftifie donc,
non-feulement l'Alliance entre ces deux Maifons, ainfi qu'un
partage entre elles; mais fait préfumer encore que c'eft plutôt
l'Alliance feule de la Branche des Seigneurs de Baraftre avec la
Maifon d'Enne, qui leur a tranfmis ces Seigneuries de Sarton &
de Grandcourt, qu'un partage entre les différentes Branches de la
Maifon de Recourt, nonobftant le fentiment du Pere *Anfelme*
fur l'Alliance de la Branche des Châtelains de Léns, avec la
Maifon d'Enne qu'il anticipe de prés d'un fiecle, comme nous
avons fait voir, page 7 de la Ire partie de ce Mémoire.

Pourroit-on, après toutes les preuves ci-deſſus détaillées, nier l'identité ou l'unité de ces différentes Branches, & leur analogie ? Quoique le défaut de Titres antérieurs à l'Alliance de la Maiſon de RECOURT avec celle de BARASTRE, les mette dans l'impoſſibilité de ſe réunir phyſiquement entre elles, & que tous les Auteurs généalogiques n'euſſent pas unanimement fait mention des Seigneurs de BARASTRE, ni de leurs Deſcendants juſqu'aux Seigneurs du SART ; cependant le ſilence de quelques uns ne peut détruire le témoignage des autres, ſoutenu, d'ailleurs, des preuves authentiques des événements qui ont mis les Seigneurs du Sart dans le cas de cette impoſſibilité de prouver leur identité & leur réunion avec les autres Branches de leur Maiſon, dont les ſéparations des diverſes Branches qu'elle a produites depuis, bien poſtérieures à l'Alliance avec la Maiſon de Baraſtre, n'ont pu empêcher de voir le rapport qui ſe trouve entre les Branches des Châtelains de Lens, des Barons de Liques & des Comtes de Rupelmonde, ainſi que celles des Seigneurs de la Comté & celle des Auteux, toutes décrites dans l'Hiſtoire des grands Officiers de la Couronne ; & ont fait perdre de vue le rapport des Seigneurs de BARASTRE ou des Seigneurs du SART, leurs Deſcendants, avec les autres Branches de la Maiſon de RECOURT. Et ſi dans leur Généalogie on n'y trouve pas les grands Titres & les Dignités attachés à quelques unes des branches de leur Maiſon, alliées aux premieres Familles de Flandres & du Royaume de France ; on y verra, néanmoins, que les Services militaires ſont auſſi nombreux que diſtingués dans cette Branches des Seigneurs du SART : que pluſieurs ſont morts au ſervice des Rois de France ; qu'ils ont contracté des Alliances honorables ; & enfin qu'ils ont conſervé, dans leur Branche, la conſidération que leur Origine leur avoit tranſmiſe, nonobſtant les malheureux événements, ſuite funeſte de la guerre, qui leur ont ôté les moyens de s'élever & d'aller de pair avec les autres Branches de leur Famille. La Ire preuve conſiſte en une Enquête du 7 Mai 1599 (produite en

Original) faite par Messire Gabriel de Machault, Intendant &
Commissaire nommé par le Roi, pour le Régalement des Tailles
en la Généralité de Picardie, concernant GEORGES de RECOURT,
Écuyer, Sieur de Lesdin & du Sart, laquelle constate de la maniere
la plus authentique, la perte des Titres que la Famille de RECOURT
fit, ainsi que de ses Biens, aux Sieges des Villes & Châteaux de
Bohain & de Beaurevoir où elle commandoit ; & sur les dépo-
sitions des Témoins à ce appellés & entendus, ledit GEORGES de
RECOURT fut maintenu & gardé dans tous ses droits & privileges
de Noblesse.

On produit encore en original un Certificat donné le 12 Août
1618, par les Maires, Officiers & principaux Habitants de Bohain,
qui constate que lors de la prise du Château de Bohain en 1588,
JEAN de RECOURT, alors Commandant en ladite place, y perdit
non-seulement tous ses Biens qui étoient d'une grande valeur,
mais encore, tous ses Titres & Papiers de Famille.

Nous appuierons ces dernieres preuves sur l'attestation de
CHARLES d'HERICOURT, Écuyer, Seigneur de Barastre & de
Courcelles, dont l'Original existe encore.

» EN la présence & pardevant Nous Notaires Royaux résidants
» à Braisnes, soussignés ; est comparu en personne CHARLES
» d'HERICOURT, Écuyer, Seigneur de Barastre, Courcelles près
» Braisnes, Pays du Soissonnois, demeurant audit Courcelles ;
« lequel a dit & déclaré qu'il a bonne connoissance de GEORGES
» de RECOURT, Écuyer, Seigneur de Lesdin & du Sart, comme
» aussi de ses Freres qui sont tous Enfants de défunt JEAN de
» RECOURT, Bailly & Gouverneur de Bohain, lequel ledit Seigneur
» d'HERICOURT a pareillement bien connu, & entendu dire à ses
» Prédécesseurs, que ledit JEAN de RECOURT, étoit Fils de JEAN
» de RECOURT, vivant Gouverneur de Beaurevoir, où il fut tué
» à la guerre de Saint-Laurent qui étoit alors entre les Rois de
» France & d'Espagne, & entendu dire aussi à ses Prédécesseurs,

» que ledit JEAN de RECOURT *étoit iffu & forti de la Maifon de*
» RECOURT, *Maifon fignalée & reconnue pour une des plus hono-*
» *rables du Pays d'Artois.* Ce que ledit Seigneur d'HERICOURT
» a certifié être vrai, & en témoignage de quoi, il a figné ces
» préfentes au dit Braifnes, ès Études defdits Notaires, le Samedi
» 4 Juillet 1618.　　　　*Signé* C. d'HERICOURT.
　　　　　Signé D'ARGOUGES & DESBOVES.

Il ne fuffifoit pas, anciennement, à la Famille des Seigneurs
du SART, d'être gardée & maintenue dans les Privileges de fa
Nobleffe qui ne lui a jamais été contestée. Le feul & unique
objet de fes defirs a toujours été auffi de conferver à fes Defcendants, la connoiffance de fon Origine ; & fi les malheurs de la
guerre lui avoient ôté les moyens d'en fournir les preuves par
des Titres authentiques, elle a toujours cherché à réparer fes
pertes, par des Actes juridiques qui lui en tinffent lieu ; on verra
que toujours occupée au Service des Rois de France, elle avoit
confervé peu de liaifons dans les Provinces qu'habitoient les
autres Branches de fa Famille, qui de leur côté, étoient depuis
long-temps attachées à celui de l'Efpagne, qui pendant plufieurs
fiecles gouverna ces Provinces. C'eft pourquoi JEAN de RECOURT,
devenu Seigneur du Sart, par la mort de GEORGES de RECOURT,
fon Frere, excité par le defir de faire reconnoître fon Extraction
dont il ne pouvoit juftifier, faute des anciens Titres de fa Famille,
qui avoient été perdus dans le temps des guerres, & à la prife
des Châteaux & Villes de Bohaïn & de Beaurevoir, obtint fur
requête, un Arrêt de la Cour des Aides (du 2 Août 1634) auffi
produit en Original, qui ordonne l'information par Témoins &
autres moyens qu'on jugera néceffaires ; fur le fait de la Nobleffe
& Extraction du fufdit JEAN de RECOURT, Chevalier, Seigneur du
Sart, & en vertu de la fignification dudit Arrêt, a été faite une
Enquête datée du 6 Décembre de l'an 1634, pardevant M* *Claude*
Hourlier, Prevôt, Juge Royal de la Ville de Saint-Quentin.

Dans ladite Enquête auſſi en Original, les S*rs* *de Milechamps*, Notaire Royal à Saint-Quentin, âgé de 75 ans. *Noel d'Offémont*, ancien Mayeur de la Ville de Bohain, Lieutenant du Prevôt de la Juſtice dudit lieu. *Hugues Brebis*, ancien mayeur de Bohain. *Jacques du Rieux*, demeurant à Bohain, âgé de 77 ans environ. *Chriſtophe le Febvre*, Laboureur, demeurant à Bohain, âgé de 60 ans environ. *Jean le Febvre*, Échevin, & Marchand à Bohain, âgé d'environ 58 ans. M*e* *Michel de Guyencourt*, Subſtitut du Procureur du Roi en l'Élection de Saint-Quentin, & Procureur-Fiſcal de ladite Ville, âgé de 74 ans environ. M*e* *Iſaac Formarié*, Conſeiller du Roi & ſon Contrôleur au Grenier à Sel de Saint-Quentin, âgé de 70 ans. Meſſire *François de Creſſy*, Chevalier, Seigneur de Sons, âgé de 61 ans. Meſſire *Matthieu de la Simonne*, Chevalier, Seigneur de Saint-Pierre, Gentilhomme ordinaire de la Chambre du Roi, Aide-de-Camp de ſes Armées, Lieutenant pour le Roi à Pignerol, âgé de 70 ans. Meſſire *Guillaume des Foſſez*, Chevalier, Seigneur de Richemont, âgé de 60 ans environ. *Pierre de la Bauſſe*, Laboureur, demeurant à Etrée-au-pont, âgé d'environ 72 ans. Meſſire *François de Sons*, Chevalier, Seigneur de Pomery, Ouylli, Beauregard, &c. ci-devant Lieutenant pour le Roi au Gouvernement de la Ville de Saint-Quentin, âgé de 69 ans environ. *Charles d'Amerval*, Écuyer, Seigneur de Richecourt, âgé de 52 ans. Leſquels tous Témoins & dépoſants à ce appellés, ont tous unanimement affirmé & atteſté, qu'ils ont bonne connoiſſance dudit JEAN de RECOURT & de ſa Famille iſſue de la Maiſon de RECOURT en Artois, ainſi que des Services par elle rendus à l'État, & de la perte non-ſeulement de ſes Biens, qu'elle a eſſuiée à la priſe des Villes & Châteaux de Bohain & de Beaurevoir, qu'elle commandoit, mais encore de tous ſes Titres & Papiers de Famille.

Il paroît d'après toutes ces Preuves détaillées, que les Seigneurs du Sart n'avoient plus rien à deſirer pour être reconnus de l'ancienne Maiſon de Récourt en Artois: auſſi ont-ils toujours été regardés

comme tels ; car lors de la recherche des Ufurpateurs de la Nobleffe,
en l'année 1667, FRANÇOIS de RECOURT, Chevalier, Seigneur du
Sart, Fils du fufdit JEAN de RECOURT, ayant été affigné, ainfi
que tous ceux qui prenoient la qualité de Gentils-hommes, de
Chevaliers ou d'Écuyers, & defirant juftifier de fon origine & de fa
qualité, qui n'avoit cependant pas befoin d'autres preuves ; il
préfenta Requête aux Officiers de la Prévôté de Saint-Quentin,
pour obtenir un Compulfoire, afin de lever dans toute l'étendue
de fon Reffort les Actes néceffaires pour prouver fa Généalogie,
& pour obtenir la confirmation des Droits & Privileges attachés
à la Nobleffe ; ce qui ayant été fuffifamment prouvé par les Actes
juridiques qu'il recueillit alors, il s'arrêta, fans faire des recherches plus
étendues ; & en conféquence des Preuves qu'il fit, il fut maintenu
& gardé dans fon ancienne Nobleffe, par Jugement de M. *Dorieu*,
Intendant de la Généralité de Soiffons, rendu le 7 Janvier 1668 ;
ainfi que par un autre rendu le 27 Mars 1700, par M. *Samfon*,
Intendant de la même Généralité, & pour tel reconnu originaire
de la Province d'Artois.

Cependant, *Haudicquer de Blancourt*, Auteur d'un Ouvrage in-4°,
qui a pour titre *Nobiliaire de Picardie*, dit, (en parlant de la Maifon
de Recourt,) que ce fut Jean de Recourt, Seigneur du Sart, qui
fit fes Preuves lors de la recherche de la Nobleffe, en 1667. C'eft
une erreur ; car il eft aifé de juftifier que Jean de Recourt étoit
mort en 1663, que François de Recourt, fon Fils, avoit déjà été
pourvu en 1665, à la place de fon Pere, en la Charge de Capitaine
des Chaffes du Vermandois, & que l'Affignation du 31 Août 1667
avait été donnée à François de Recourt, pour la juftification de
fa Nobleffe. Si on ne connoiffoit pas cet Auteur, & les événements
qui lui font arrivés pour les différentes fauffetés qu'il a avancées,
fon fentiment pourroit influer fur le jugement des Perfonnes qui
lifent dans la plus ferme confiance de la vérité d'un Auteur. Mais
comme on ne veut rien avancer qui ne foit fcrupuleufement conforme
à la vérité, pour prouver la Filiation des Seigneurs du Sart, depuis
l'Alliance

l'Alliance de Colard ou Nicolas de Recourt, Seigneur de Sarton & de Grandcourt avec l'Héritiere de Baraftre, que nous avons fait voir être iffu de la Maifon de Recourt en Artois, nous donnerons les preuves de la Généalogie de cette Branche ; pour juftifier que cette Maifon n'eft pas éteinte, comme l'ont prétendu ceux qui en ont fait inférer la note dans les Affiches de Picardie du mois de Décembre 1771. Quant aux autres Branches qui font éteintes, comme nous l'avons fait voir dans la premiere partie de ce Mémoire ; on peut en voir la Filiation dans les Auteurs ci-deffus mentionnés, tels que l'Hiftoire des grands Officiers de la Couronne de France, par le P. *Anfelme* ; la derniere édition du Dictionnaire de Moréri ; le Dictionnaire de la Nobleffe, tome XII, page 23 & fuiv. ; le Mercure de France des mois de Juin 1731 & Avril 1756 ; les Mémoires de *Jean Scohier*, tome V. 2. page 143. & tom. V. 3. p. 161, ainfi que les Mémoires fur la Maifon de Lens & de Recourt, dépofés au Cabinet des Manufcrits de la Bibliotheque du Roi à Paris ; & auffi les Manufcrits de Monfieur *Étienne Le Pez*, Religieux de l'Abbaye de Saint Vaaft à Arras, confervés en la Bibliotheque de ladite Abbaye.

On fera cependant fort étonné de trouver fi peu de conformité dans les différents Auteurs qui ont décrit la généalogie de la Maifon de Recourt, & de ne pas y trouver le nom de plufieurs perfonnes de cette Maifon, entre autres, celles que nous avons citées ci-devant pages 11 & 12, & connues particuliérement dès fon origine que les uns ont cherché dans la Maifon de Coucy ; d'autres en celle des Comtes de Boulogne, ainfi que dans celle de Lens à laquelle elle fut feulement alliée, & qui lui apporta par fon Alliance ; la Châtellenie de Lens (vers l'an 1300) comme nous l'avons démontré : mais on doit obferver qu'ayant puifé leurs connoiffances dans différentes fources ; que n'ayant fouvent recueilli que des Titres épars ; & plus fouvent encore trompés par les différentes dénomination de Recourt, de Lens & de Licques ; ils n'ont pu fuivre qu'une route incertaine ; ni connoître

E

l'Origine de cette Maiſon, qu'il eut été plus facile de trouver
dans les Châtelains d'Ypres & de Bailleul, qui poſſédoient les
Terres & Seigneuries de Recourt & de la Comté, & dont les
Deſcendants ont pris le nom de leurs poſſeſſions. Nous nous
ſommes ſeulement bornés aux faits principaux, & à prouver,
que preſque tous ces Auteurs, ſouvent copiſtes les uns des autres
ſur l'origine de cette Maiſon, s'étoient écartés de l'exacte vérité
qu'une famille ſeule eſt intéreſſée à démontrer. Si les Seigneurs
du SART iſſus de la Branche de RECOURT qui poſſéda la Seigneurie
de Baraſtre, ont, juſqu'à ce moment, été auſſi les ſeuls à garder
le ſilence ſur leur Origine & leur Affiliation avec les autres Branches de la Maiſon de Recourt; c'eſt que juſqu'à ce moment, on
n'avoit rien avancé de contraire; & il falloit une aſſertion telle que
celle qui a été diſcutée dans cette ſeconde partie, pour les
obliger à en démontrer la fauſſeté.

Quelqu'en ſoit le motif, il n'en eſt pas moins injuſte: leur
ſilence méritoit des égards & devoit être reſpecté. Auſſi les Provinces d'Artois & de Picardie ne concevront jamais l'intérêt que
l'on pouvoit avoir, de chercher à détruire la conſidération que
cette Branche s'étoit acquiſe depuis des ſiecles, dans la Province
qu'elle habite, quoiqu'elle n'y tint pas le même rang que pluſieurs
autres Branches de cette Maiſon, ſoutenoient dans leur Province
par la fortune. La modicité de celle des Seigneurs du SART occa-
ſionnée non-ſeulement par la diviſion des partages, & encore
plus par les pertes réelles qu'ils firent dans le temps des guerres,
les a bien empêché de s'élancer, ainſi que les autres Branches
de leur Maiſon, dans la carriere de l'ambition, mais ne les réduiſit
pas à oublier leur Origine. On ne peut donc ſans injuſtice re-
voquer l'identité des Seigneurs du Sart, avec les Châtelains de Lens,
les Barons de Licques, les Comtes de Rupelmonde & les Seigneurs
de la Comté, que les Provinces d'Artois & du Boulonois,
reconnoiſſent néanmoins pour être iſſus de la Maiſon de RECOURT,
malgré leur impoſſibilité de remonter à ſon Origine qui ſe perd

dans l'ignorance des siecles antérieurs, comme nous l'avons fait voir dans la Ire partie de ce Mémoire. Nous avons aussi démontré dans la II^{de}, les raisons fondées du droit des Seigneurs du SART d'être considérés dans la Province d'Artois, comme issus de la Maison de RECOURT. 1°. L'autorité & l'authenticité des Auteurs particuliers qui ont fait mention de cette Branche qui posséda la Terre & Seigneurie de Baraftre en Artois. 2°. La reconnoissance aussi des Provinces d'Artois, du Cambresis & de Picardie, à l'égard de cette Branche, fondée sur ses alliances & son domicile en ces Provinces. 3°. Le port des mêmes Armoiries. 4°. Les pieces justificatives de leur Filiation, des Seigneurs de Baraftre, & de leur identité avec cette Maison. Nous y ajouterons encore l'admission de plusieurs Filles de cette Branche dans le Chapitre Noble d'Eftrun, non-feulement dans le milieu du XVIe siecle, comme on le verra dans la Généalogie suivante ; mais encore actuellement, de deux Demoiselles de la Maison d'AMERVAL, dont la Mere étoit une RECOURT, de la Branche des Seigneurs du SART. Quelle autre reconnoissance pourroit-on exiger pour prouver ce que nous avons avancé jusqu'à préfent dans ce Mémoire ? quand-même on voudroit arguer du défaut de Titres qui remontassent à l'Origine de cette Famille, dont les autres Branches se trouvoient elles-mêmes dénuées : car si on vouloit jetter les yeux sur le Tableau des Familles qui ne peuvent se rallier les unes aux autres, quoique le même Nom & les mêmes Armes soient communs entre elles, on en feroit étonné du petit nombre ; à plus forte raifon, de celui des Familles qui ont souventes-fois adopté le Nom de leurs possessions, ou pris les Armes des Familles auxquelles elles étoient alliées, ainfi que les Barons de LICQUES, les Comtes de RUPELMONDE & autres Branches de la Maison de RECOURT, ont fait en diverses circonstances, comme nous l'avons fait voir ci-deffus. De toutes les Branches de la Maison de RECOURT, celle des Seigneurs du SART eft une de celles qui ont le plus souffert des vicissitudes humaines & du fléau de la guerre

E ij

La fortune d'ailleurs peu aifée, qui eft le partage des puînés de Maifons Nobles, a mis un obftacle invincible à leur aggrandiffement. Ainfi l'on ne doit plus être étonné du peu d'élévation de cette Branche, depuis fa féparation d'avec les autres, dont quelques unes même, n'ont pu s'élever plus que celle des Seigneurs du Sart, depuis leur fortie de la Province d'Artois. Nous euffions rapporté tout ce qui pourroit avoir rapport aux autres Branches de cette Maifon, s'il eut été poffible d'en raffembler en général, & d'en réunir tous les Titres originaux ; mais ce travail laborieux par les longues recherches qu'il faudroit faire, ne pouvant produire qu'une partie des matériaux néceffaires à un Ouvrage auffi étendu, on a cru devoir renoncer à ce projet, & le réduire à ne préfenter que le Tableau généalogique des différentes Branches de la Maifon de Recourt, qui font reftées en Artois, dreffé fur les Notes extraites de plufieurs Auteurs, auquel nous joindrons celui de la Branche des Seigneurs du Sart, foutenu des pieces juftificatives & d'un Extrait des preuves qui concernent cette Branche ; ainfi que le Jugement & Certificat du Juge d'Armes de la Nobleffe de France, pour le dernier témoignage de ce que nous avons avancé dans ce Mémoire.

NOTA. Le Pere *Meneftrier* dans fon Ouvrage Héraldique, Ire édition *in-*12, fait mention d'une Maifon de Recourt en Flandres, à laquelle il donne pour Armoiries, de Gueules, à la Croix ancrée d'Azur. Comme il ne dit rien fur l'Origine & la Filiation de cette Maifon ; on pourroit croire qu'elle la tireroit des anciens Châtelains d'Ypres ou de Bailleul, à caufe de la reffemblance des Armoiries dont nous avons parlé en la premiere partie de ce Mémoire, & qu'au lieu de prendre le nom d'Ypres, fuivant l'ufage ancien de prendre celui de fes Poffeffions ou Qualités, elle conferva celui de Recourt, ainfi que la Branche qui poffédа la Terre de Recourt avec celle de la Comté, & qui fe diftingua toujours par les Armoiries que nous avons décrites ci-devant.

Il y a auffi en la Province de Bourgogne, une autre Famille de Recourt, dont plufieurs Titres fe trouvent au Cabinet des Manufcrits de la Bibliotheque du Roi, & confondus avec les Notes & Généalogies de celle de RECOURT en Artois, ainſi qu'avec celles de la Maiſon de LENS ; mais cette Maiſon qui tire, vraiſemblablement, ſon Origine d'une autre Terre & Seigneurie de RECOURT ſituée dans le Bailliage & Election de Langres, porte pour Armoiries de Gueules, au Chevron d'argent, accompagné de 3 étoiles d'or, 2 en chef, & 1 en pointe. Les Titres de cette Maiſon, confondus avec les Notes ſur celles d'Artois, font mention de pluſieurs de cette Maiſon, connus ſous le nom de DIDIER, c'eſt ce qui leur ſert de caractere diſtinctif.

On trouve encore dans le Pays Meſſin, une autre Terre & Seigneurie de RECOURT, Election & Bailliage de Verdun, on ignore ſi elle a donné le Nom à une autre Famille, & quelles ſont ſes Armes.

On voit de même dans le grand Nobiliaire de Picardie, une Famille connue ſous le Nom de LICQUES, dont la Maiſon de RECOURT adopta ſouvent le Nom & les Armes à cauſe de ſon Alliance avec cette Maiſon, celle-ci connue ſous le Nom des Seigneurs de TOFFLET, & portant les mêmes Armes que l'ancienne Maiſon de Licques en Boulonois, donne lieu de croire que c'eſt une Branche de cette Maiſon, dont celle de RECOURT hérita les Biens par ſon Alliance avec l'Héritiere de cette Maiſon, ainſi que nous l'avons dit ci-deſſus. On ignore ſi de cette Branche de Licques, il en exiſte des Deſcendants.

ANTOINE-MARIE d'HOZIER de SERIGNY, Chevalier, Juge d'Armes de la Noblesse de France, Chevalier, Grand - Croix Honoraire de l'Ordre Royal des Saints Maurice & Lazare de Sardaigne.

LA Maison de RECOURT en Artois, où elle est connue dès l'an 1106, (*) (Chartre de l'Abbaye d'Arrouaise, en la même Province), illustrée par un Amiral de France en 1418 (CHARLES de RECOURT, dit de LENS), a pris son Nom de la Terre de RECOURT, aussi en Artois, située à 4 lieues de Cambray, & relevante de la Châtellenie d'Oysy. Elle a formé plusieurs Branches ; celles des Châtelains de LENS, Seigneurs de Recourt & de Camblain ; des Barons de LICQUES ; des Comtes de RUPELMONDE ; & des Seigneurs de la COMTÉ. Il ne reste aucun Mâle de ces différentes Branches, dont on peut voir le détail dans l'Histoire des grands Officiers de la Couronne, tom. VII, pages 826 & suiv. Les Auteurs de cet Ouvrage n'y ayant pas fait mention de celle des Seigneurs du SART, transportée d'Artois en Cambresis, & depuis en Picardie, la seule qui existe aujourd'hui ; nous devons à la vérité le témoignage qu'elle est incontestablement issue de la même Maison de RECOURT. Les Titres authentiques qu'elle nous a produits, remontent ses Filiations jusqu'à COLARD ou NICOLAS de RECOURT, Écuyer, Seigneur de Sarton, de Barastre, de la Motte & de Grandcourt, connu par un dénombrement du Fief de la Motte, (relevant de la Seigneurie de Grandcourt) rendu au seigneur d'Encre en 1459, & qualifié de Noble homme & très - honoré Seigneur, dans un Enfaisinement obtenu le 27 Mai

(*) Hist. du Cambresis, par le *Carpentier*, tome 2, Preuves pages 81 & 82.

1476, par les Religieux de ladite Abbaye d'Arrouaife en Artois,
d'une Donation qui leur avoit été faite par Louis de Luxembourg,
Batard de Saint-Pol, Chevalier, d'un Fief & noble Tenement
fitué à Rocquigny, mouvant dudit Colard de Recourt, à caufe
de la Terre & Seigneurie de Baraftre, dont il étoit poffeffeur du
Chef de Mademoifelle Guillemette de Barastre, fa Femme,
Fille unique & Héritiere de Philippes de Barastre, Seigneur de
Baraftre, & de Marie de Flechin. Si l'attache de ce Colard
ou Nicolas de Recourt à l'un des individus de la Maifon de ce
Nom, n'eft encore prouvée (**) par aucun acte; on ne doit en
attribuer la caufe, qu'à la perte des anciens Titres de cette Branche
des Seigneurs du Sart ; perte conftatée par une Enquête Juridique qui fut faite le 7 de Mai 1599, à la Requête de Georges
de Recourt, Écuyer, Seigneur du Sart & de Lefdin, Gouverneur
des Ville & Château de Bohain, dont ledit Colard étoit le
Trifayeul. Il y eut une autre Enquete faite le 20 Septembre 1634,
ordonnée par Arrêt de la Cour des Aides de Paris, qui avoit été
rendu le deux Août précédent, à la Requête de Jean de Recourt,
Chevalier, Seigneur du Sart (Frere dudit Georges) Chevalier de
l'Ordre du Roi, Maître-d'Hôtel ordinaire de Sa Majefté, Gouverneur de Maubert-Fontaine, Colonel & Lieutenant-Général
au fervice de la République de Venife, Lieutenant-Colonel au

(**) *La Morliere* (page 248) de fon Récueil des illuftres Maifons de
Picardie, imprimé à Paris en 1642, article de la Maifon de Mailly; dit ex-
preffement (qu'une Fille de cette Maifon de Mailly, de la Branche des
Seigneurs d'Authuille, reçut à Mari Gerard de Recourt, dont vint
Colard de Recourt, Mari de Guillemette de Barastre, Héritiere
de Philippes, Seigneur de Barastre.) « Nous n'avons rien à oppofer à
» cette affertion, d'où réfulteroit la liaifon des Seigneurs du Sart, aux Châte-
» lains de Lens & aux Barons de Licques, Ancêtres paternels & directs
» des Comtes de Rupelmonde, quoique nous ne trouvons pas le témoignage
» de cet Auteur affez décifif pour nous y rendre, en ce qu'il ne cite aucun
» titre qui l'appuie. *Signé* d'HOZIER de SERIGNY

Régiment de Piédmont, & Capitaine des Chaffes de Vermandois. Les Témoins entendus dans cette Enquête, (dont cinq Gentils-hommes qualifiés) y dépoferent fur l'identité de Famille, entre ledit JEAN de RECOURT & la Maifon de ce Nom en Artois. Nous attestons, en outre, que les Services militaires font auffi nombreux que diftingués dans cette Branche des Seigneurs du SART ; que plufieurs ont été tués au fervice du Roi ; qu'ils ont contracté des Alliances honorables ; & qu'ils furent maintenus dans leur Nobleffe en 1599, 1668 & 1700. Les Enfants de PIERRE-FLORIMOND-CHARLES-JOSEPH de RECOURT, Chevalier, Seigneur du Sart, mort le 26 Septembre 1780, font aujourd'hui les Chefs de cette Branche. ANTOINE-FRANÇOIS-NICOLAS de RECOURT, Chevalier, Seigneur en partie de Bruyeres & de Chereft, demeurant à Reims, eft Frere germain dudit feu PIERRE-FLORIMOND-CHARLES-JOSEPH. Leurs Armes conformes à celles des autres Branches de la Maifon de RECOURT, font, *Bandé, de vair & de Gueules de fix pieces au Chef d'or.*

EN foi de quoi, (c'eft-à-dire, de tous les Faits énoncés ci-deffus, dont nous atteftons la vérité,) nous avons figné ce préfent Certificat, & l'avons fait contre-figner par notre Secrétaire qui y a appofé le fceau de nos Armes. A Paris, le dix-neuf du mois de Juillet mil fept cent quatre-vingt & un.

Signé D'HOZIER de SERIGNY.

Scellé des Armes de Mondit Sieur
d'Hozier de Serigny.

Par Monfieur le Juge d'Armes
de la Nobleffe de France.

Signé DUPLESSIS avec paraphe.

Pennon _ Généalogique de Recourt

Branche des Sgrs du Sart

BARASTRE

MAILLY

LOUVERVAL

MOLET

ACHERY

POULET

ROLAND

LE CARLIER

Pl.^{ce} 2.^e

Pension des Alliances de Recourt

Branche des Sg^{rs} du Sart

SACQUESPÉE

HABART
RELY
LOUVEL
OSTAT
CHANTELOU
FREMYN
MAISON

Dénizard Sculp.

AVERTISSEMENT.

« L'HISTOIRE des grands Officiers de la Couronne, tome VII, pages
» 826 & fuivantes, commence la Généalogie de cette Maifon, par
» JEAN de RECOURT que quelques Auteurs nomment CHRISTOPHE, &
» & lui donnent pour Femme IDE, Châtelaine de Lens, qui lui apporta
« la Châtellenie de Lens, vers l'an 1300. Mais le laps de temps & le défaut
« de Titres & de Preuves certaines fur l'Origine de cette Maifon, ainfi
« que la confufion des Noms de RECOURT, de LENS & de LICQUES
« ayant été caufe de l'incertitude avec laquelle cet auteur, ainfi que bien
« d'autres ont décrit le commencement de cette Généalogie, l'ont
« empêché de lever toutes les difficultés qui fe font préfentées à mefure
« qu'il voulut fe rapprocher de fon Origine, c'eft pourquoi nous n'avons
« pas cru devoir nous en tenir à fon fentiment à cet égard, vu auffi les
« différentes erreurs de dates que nous avons reconnues dans cet Ou-
« vrage & difcutées particuliérement dans le Mémoire précédent. Ainfi
« après avoir examiné fcrupuleufement & confronté les différentes Gé-
« néalogies de cette Maifon, qui ont été extraites du Cabinet des Manufcrits
« de la Bibliotheque du Roi, & des divers Auteurs qui en ont parlé,
« avec celles qui nous ont été communiquées par des perfonnes éclairées ;
« nous nous fommes déterminés à en fuivre la Filiation, feulement depuis
« les Châtelains de BAILLEUL, jufqu'à fon Alliance avec celles de LICQUES
« & d'ENNE, dans l'ordre fuivant, d'après l'Extrait des Titres, & Notes
« de ces différents Auteurs que nous avons confultés : mais ne pouvant
« auffi y lier plufieurs de cette Famille, faute de preuves fuffifantes fur le
« rapport & la liaifon qu'ils ont avec les différentes Branches de cette
« Maifon ; nous avons cru néanmoins devoir en faire mention & notes
« particulieres dans la Ire partie de notre Mémoire, en attendant que des
« circonftances plus favorables nous produifent des connoiffances à leur
« égard & à celui des autres que nous n'avons pas compris dans cette
« Généalogie.

F

GÉNÉALOGIE

Des différentes Branches de la Maison de RECOURT, savoir ; 1°. Celle des Châtelains de LENS ; 2°. Celle des Barons de LICQUES ; 3°. Celle des Comtes de RUPELMONDE ; 4°. Celle des Seigneurs de la COMTÉ, dont sont sortis les Seigneurs des AUTEUX ; 5°. Celle des Seigneurs de BARASTRE, dont sont issus les Sgrs du SART, la seule Branche existante actuellement.

I. DEGRÉ.

HUGUES ou GUY, Châtelain de Bailleul en Flandres, Sire de RECOURT & de la COMTÉ, vivoit l'an 1282, comme il se voit par le Relief qu'il donna de sa Terre & Seigneurie de la Comté au Prevôt du Chapitre de Saint Amé à Douay. *Extrait* des Mémoires de feu M. *Le Pez*, déposés à la Bibliotheque de l'Abbaye de Saint Vaaft à Arras. L'Histoire du Cambresis en fait mention sous le Nom de Guy, art. Recourt, page 934; il eut pour Enfants :

1. BAUDOUIN, Châtelain d'Ypres, mentionné en l'acte de 1282, ci-dessus rapporté. On le présume Auteur de la Maison d'YPRES qui a existé pendant plusieurs siecles en la Province de Flandres, ou celui de la Maison de Bailleul, surnommée Doulieux, dont nous avons parlé dans la Ire partie de notre Mémoire.

2. PHILIPPES de RECOURT, Chevalier, Seigneur de la Comté qui suit.

F ij

3. ANTOINE de RECOURT, mis au nombre des Vaſſaux fieffés de la Châtellenie de Houdain en Artois. Année 1294.

4. MICHEL de RECOURT, Chevalier, dont nous avons parlé dans la Ire partie de notre Mémoire ſur l'Origine de cette Maiſon ; mourut vers l'an 1350, il portoit pour Armes, de RECOURT ; c'eſt-à-dire, bandé, de Vair & de Gueules au Chef d'Or chargé d'un Lambel, comme il ſe voit au Sceau dudit Michel de Recourt, appoſé à une quittance de l'an 1329, donnée au Receveur de la Baillie de Senlis, pour ſes gages de Conſeiller-Maître de l'Hôtel du Roi, laquelle eſt dépoſée au Cabinet des Manuſcrits de la Bibliotheque du Roi ; il eut pour Fils, 1°. ROGUES ou ROGER de RECOURT, mentionné en l'Hiſt. de la Maiſon de Châtillon, page 414. 2°. Et BRUNEAU de RECOURT que l'on préſume être auſſi ſon Fils, à cauſe de la conformité des Armoiries avec un Lambel & pour 2de Briſure, une moucheture d'Hermines entre les deux premieres pieces de Vair, comme il ſe voit auſſi au Sceau appoſé à une quittance du 6 Septembre 1352, donnée par ledit Bruneau de Recourt, Chevalier, pour ſes gages & ceux d'un Écuyer ſervant ſous Meſſire Rabace de Hangeſt, Lieutenant de l'Armée du Roi ; laquelle eſt auſſi dépoſée au Cabinet des Manuſcrits de la Bibliotheque du Roi, avec les Notes & Extraits généalogiques des Maiſons de LENS & de RECOURT.

5. MARIE de RECOURT, alliée à Enguerrand d'Anneux, & dont il eſt fait mention en l'Hiſtoire du Cambreſis, partie IIIe, page 79.

6. MARGUERITE de RECOURT, alliée à Joſſe de la Châtre ; il en eſt fait mention en ladite Hiſt. IIIe partie, page 382, à l'occaſion d'une Donation faite par eux, en l'an 1326, à l'Abbaye du Mont Saint-Martin.

II. DEGRÉ.

PHILIPPES de RECOURT, Chevalier, Sire de RECOURT & de la COMTÉ ; il fut Gouverneur du Pays d'Artois, ainſi qu'il eſt rapporté en l'Hiſt. du Cambreſis, art. Vieuville, partie IIIᵉ, page 1055 & ſuivante. Il épouſa, vers l'an 1300, ISABELLE de LENS, Fille de JEAN, Châtelain de Lens, & d'YSABEAU de MOTTENGHIEM. Elle devint Héritiere de la Châtellenie de Lens & des Seigneuries de Chocques & de Camblain, par la mort de JEAN & de FRANÇOIS, ſes Freres, ſuivant l'Extrait d'une ancienne Généalogie de la Maiſon de Lens. Dans l'Inventaire des Chartres du Pays d'Artois, art. Chocques, Nº 5, il y eſt fait mention d'une Lettre en forme de *vidimus*, datée du Lundi après la Décollation de Saint Jean, l'an 1312, & donnée par *Jean de Roiſin*, Bailli de Lens, contenant que Philippes de Recourt, Sieur de la Comté, & Demoiſelle Iſabeau de Lens, ſa Femme, ont vendu leur Châtel de Chocques, à Madame Mahaut d'Artois. Ce qui eſt prouvé par une Lettre de *Jacques de Hachicourt*, Bailli de Bapaulme en Artois, datée de la veille de la St Matthieu, l'an 1312, contenant que Philippes, Sieur de la Comté, & Demoiſelle Iſabelle, Châtelaine de Lens, ſa Femme, céderent leur Châtel de Chocques, à Madame la Comteſſe d'Artois, moyennant Cent livres de rente (*chacune évaluée à 17 livres, 13 ſ. 7 den. monnoie actuelle*) à prendre ſur le Péage de Bapaulme. Laquelle rente, leſdits Philippes de Recourt, Sieur de la Comté & Demoiſelle Iſabeau, Châtelaine de Lens, ont rétrocédé, à Madame d'Artois, par autre Lettre du Lundi après la Saint Remi, l'an 1312, donnée par *Thomas Baudouin*, Bailli d'Arras. De ce Mariage ſont iſſus :

1. JEAN de RECOURT, Chevalier, Châtelain de Lens qui ſuit.

2. GUILLAUME de RECOURT, Chevalier, Sire du Transloy, Conſeiller, Maître des Requêtes de l'Hôtel du Roi; ſouſcrivit en cette qualité & celle de conſeiller Laïc du Parlement, avec Jean d'Erquéry, Philippes de Troismonts & Gilles de Soyecourt, Chevaliers, auſſi Maîtres des Requêtes, aux Lettres de Charles V, Roi de France, données à Paris le 9 Mai 1366,

pour l'établiſſement des Secrétaires du Roi en forme de College :
il ſouſcrivit encore avec pluſieurs autres Chevaliers, à l'hommage
qui fut fait au Roi, le 15 décembre 1366, par Jean de Monfort,
Duc de Bretagne. *Voyez* Hiſtoire des Maîtres des Requêtes :
du Tillet, Sieur de la Buſſieres, en parle auſſi dans ſon Recueil
des Grands de France, & de leur Rangs, pages 384 & 386. Ledit
Guillaume mourut ſans poſtérité.

3. RICHILDE de RECOURT, alliée à Guillaume de la
Vieuville, Chevalier, Sire de Villers & de Vaux près Antoing;
elle décéda au mois de Mars, l'an 1340, ſuivant l'Extrait de ſon
Épitaphe rapportée par *Roſel,* & mentionnée en l'Hiſtoire du
Cambreſis, art. Vieuville, tome 2. part. 3. page 1055 & ſuivante.

III. DEGRÉ.

JEAN de RECOURT, premier du Nom, Chevalier,
Châtelain de Lens, Sire de Recourt & de la Comté, & de Camblain. Il fut envoyé, l'an 1440, par Philippes le Bel, Roi de
France, en la Ville de Tournay, comme frontiere des Flamands,
& en l'an 1348, à l'entrepriſe faite ſur la Ville de Calais alors
poſſédée par les Anglois. Il épouſa en premieres Noces Jeanne
de Mailly, Fille de Jean de Mailly & de Jeanne de Soiſſons,
iſſue de la Branche de Soiſſons-Moreuil : & en ſecondes Noces
Jeanne de Viannes, Fille du Seigneur de Thoirs & de Catherine,
Dame de Châtaigneres (ou Châtignieres.) Pluſieurs Auteurs fixent
ſa mort en l'an 1375 ; mais ſuivant les Mémoires dudit feu M. *Le
Pez,* que nous avons déjà cités, volume coté I. page 185, il eſt
enterré en l'Abbaye de Chocques, devant l'Autel du Chœur, où
l'on voit ſa Tombe de marbre orné de cuivre, où il eſt repréſenté
en habit de Chevalier armé, avec l'Inſcription ſuivante. *Chy giſt
JEAN, Sire de Recourt, de Camblain, de la Comté & de
Châtinieres, Chevalier, Châtelain de Lens, qui trépaſſa l'an de
grace 1378, au mois de Septembre. Priez pour ſon Ame.* Autour
dudit marbre il y a 16 Écuſſons, dont 8 ſont aux Armes de Lens

qui font écartelées d'Or & de Sable, & 8 autres, aux Armes de Recourt qui font bandé, de Vair au Chef d'or. De ces deux Alliances font fortis plufieurs Enfants, entre autres :

1. JEAN de RECOURT qui fuit.

2. JEAN de RECOURT, dont on fera mention ci - après.

3. MARGUERITE de RECOURT, alliée à Guillaume de Lamberfart, Chevalier, Sieur de Thiembronnes ; elle eut la Seigneurie du Transloy après la mort de GUILLAUME de RECOURT, fon Oncle, fuivant un Arrêt de la Cour du Parlement de Paris, rendu l'an 1379, au fujet d'un Procès, entre JEAN de RECOURT, Châtelain de Lens d'une part, les Habitants du Transloy & les Religieux de l'Abbaye d'Arrouaife d'autre part. *Extrait* des Chartres de l'Abbaye d'Arrouaife.

IV. DEGRÉ.

JEAN de RECOURT, fecond du Nom, Chevalier, Châtelain de Lens, Sieur de Recourt, de la Comté & de Camblain, donna fon dénombrement de la Châtellenie de Lens, & en fit fon Relief au Comte de Saint - Pol, l'an 1385, & celui de Camblain, en l'an 1388. Ce fut lui qui le premier prit le Nom & les Armes de Lens qu'il écartela avec les fiennes, comme il fe voit fur fa Tombe en l'Églife de Camblain, où il eft repréfenté en cotte d'armes avec un Écuffon écartelé de Recourt & de Lens, avec l'Infcription fuivante. *Chy gift JEAN, Sire de Recourt, Châtelain de Lens, Seigneur de Camblain, qui trépaffa l'an de grace 1390.* Plufieurs Auteurs, & quelques Mémoires fur la Maifon de Recourt, s'accordent fur fon Alliance avec une Fille de la Maifon d'Azincourt, de laquelle il eut :

1. JEAN de RECOURT qui fuit.

2. FRANÇOIS de RECOURT, Auteur de la Branche des Seigneurs & Barons de LICQUES, dont fera fait mention ci-après:

3. CHARLES de RECOURT, dit de LENS, Chevalier, Vicomte de Beauvoir & de Catinieres. Il s'attacha toute fa vie à Jean, Duc de Bourgogne, qu'il fuivit dans toutes fes entreprifes.

Le parti de ce Prince ayant prévalu, il fut nommé, le 6 Juin 1418, Amiral de France & reçu le même jour au Parlement, où il prêta le ferment accoutumé. Ses Lettres ne furent fcellées que du Sceau fecret de Charles VI, celui de la Chancellerie ne s'étant pas trouvé : le Duc de Bourgogne l'établit en même temps fon Lieutenant dans la Ville de Paris, & il mourut en la compagnie de ce Prince, lorfqu'il fut tué fur le pont de Montereau-Faut-Yonne, le 10 Septembre 1419. CHARLES de RÉCOURT mourut fans Alliance, & peu avant fon décès, il fit préfent à l'Églife de Camblain en Artois, d'un Réliquaire qui renfermoit le Bras de Saint Quirin. Il eft repréfenté fur une des Verrieres de cette Églife, en cotte d'armes portant les Armes de Recourt écartelées de Lens, brifé d'un Lambel d'azur de 3 pieces : *Son Écuffon chargé d'un Héaume plein & couronné en face ayant pour cimier un Cigne couronné d'or, & tenant en fon bec un anneau d'or & accompagné de deux ancres en fautoir.* Après fa mort, fon Corps fut tranfporté aux Auguftins à Paris, fuivant l'*Extrait* des Mémoires de feu M. *Le Pez*, tome coté I. page 472, dépofés en la Bibliotheque de l'Abbaye de Saint Vaaft d'Arras.

V. DEGRÉ.

JEAN de RECOURT, troifieme du Nom, Chevalier, Châtelain de Lens, Sieur de Recourt & de Camblain, époufa ALIX de NIELLES, Dame de Vermeilles, dont eft iffue MARIE de RECOURT, Châtelaine de Lens, Dame de Recourt & de Camblain, qui époufa Valerand d'Hingettes, Seigneur des Obeaux, Chevalier, Gouverneur des Villes de Lille, Douay & Orchies ; elle mourut, fans poftérité, le 24 Juillet 1442 (ou 3), ainfi qu'il fe voit en fon Épitaphe, en l'Églife de Saint Pierre à Lille, laiffant JEAN de RECOURT, Seigneur de la Comté, & de Stienfort, fon Coufin germain, Héritier de la Châtellenie de Lens & Seigneuries de Recourt & de Camblain. Valerand d'Hingettes, Sieur des Obeaux, fon Mari, fe remaria avec Antoinette d'Inchy, Dame de Canteleu, &

décéda

décéda le 4 Octobre 1464 ; son Corps fut inhumé dans la Chapelle de Saint Adrien, en l'Église de Saint Pierre à Lille, auprès de MARIE de RECOURT, fa premiere Femme.

BRANCHE DES BARONS DE LICQUES.
V. DEGRÉ.

FRANÇOÍS de RECOURT, Seigneur de la Comté, 3me Fils de JEAN de RECOURT, feçond du Nom, Châtelain de Lens & de N. d'Azincourt, époufa BÉATRIX-ÉLÉONORE de LICQUES, Fille de JEAN, Baron de Licques & de ANNE de BERGHES, Dame de Stienfort. Elle devint Héritiere de la Baronnie de Licques & Seigneurie de Stienfort, par la mort de MATTHIEU de LICQUES, fon Frere. On voit, dans une Généalogie de la Maifon de Lens, la Copie d'un Acte daté du 8 Octobre 1407, portant reconnoiffance & certificat de Parenté entre Meffire Foulques de Lens, Chevalier, Sire de Rebecques, & la Maifon de Licques, fcellé des Sceaux, du fufdit MATTHIEU de LICQUES; de JEAN de LICQUES, dit LANCELOT, Chevalier; de ENGUERRAND de LICQUES, dit MALLET; de FLORENT de LICQUES & de JEAN de HENNEQUIN, fes Parents & Alliés, comme étant iffu de MAINFROY de LENS, Sire de Rebecques, & de JEANNE de LICQUES, Fille de feu Sire HUES de LICQUES. (†) Les Mémoires de feu M. *Etienne Le Pez* que nous avons déja cités, nous apprennent (vol. F. page 18, verfo) que le fufdit MATTHIEU, Seigneur de Licques, avoit époufé CATHERINE de HAVESKERQUE, Dame Héritiere des Waftines, duquel Mariage ne vint qu'un Fils, nommé CHARLES de LICQUES, décédé fans alliance, & que ladite Dame

---

(†) Nous avons déja cité cette Alliance dans la Ire partie de notre Mémoire, pour relever l'erreur de l'Hiftoire des grands Officiers de la Couronne, dont nous avons prouvé que l'Auteur a confondu cette Alliance de la Maifon de Lens & celle de Licques, avec celles des Châtelains de Lens de la Maifon de RECOURT, & ladite Maifon de LICQUES poftérieure à l'autre, de près d'un fiecle.

G

de Havefkerque, Veuve dès l'an 1416, fe remaria le 5 Février 1421, à Colard de la Clitte, Sieur de Commines en Flandres, dont les Defcendants furent alliés aux Maifons de Hallewin, de Sainte-Aldegonde, de Croy & de Penthievres. L'Hift. du Cambrefis en fait auffi mention 'art. Commines, partie IIIᵉ, page 414 & fuiv. Ledit FRANÇOIS de RECOURT eut de fon Mariage avec BÉATRIX-ÉLÉONORE de LICQUES, les Enfants fuivants :

1. JEAN de RECOURT, dit AGRAVIN (OU) ENGUERRAND qui fuit.

2. CHRISTOPHE de RECOURT, allié à IDE de RECOURT, dite de LENS, fa Coufine, Fille de JEAN & de MARIE d'ENNE, dont on parlera ci-après. De leur Mariage eft iffu JEAN de RECOURT, dit auffi de LENS, qui époufa CATHERINE de BETHUNE, & mourut vers 1490, ainfi qu'il eft rapporté en l'Hift. de la Maifon de Bethune, pg. 572. On ignore la poftérité de cette Branche. (¶)

3. JACQUELINE de RECOURT, alliée à Jean del-Planques (ou) des-Planques, dit Heuchin, Chevalier, Sieur de Marefts, ils vivoient à Bethune, l'an 1424. Marguerite del-Planques, leur Fille, époufa Guillaume, Sieur de Rebreviettes, dont eft iffue

---

(¶) Plufieurs Auteurs ont confondu cette Alliance de CHRISTOPHE de RECOURT & de IDE de RECOURT, dite de LENS, fa Coufine, avec celle de PHILIPPES de RECOURT, Seigneur de la Comté, dont nous avons fait mention au Iᵉʳ Degré de cette Généalogie, & dans la Iʳᵉ partie de notre Mémoire. Cette Alliance de la Maifon de Recourt avec celle de Bethune, prouve encore par les dates, que ces Auteurs ont confondu l'Alliance de la Maifon de Lens & celle de Licques, avec celle des Châtelains de Lens de la Maifon de Recourt & la même Maifon de Licques que nous avons citée dans la Note précédente. Car FRANÇOIS de RECOURT Sieur de la Comté, allié à Béatrix-Eléonore de Licques, lequel décéda vers l'an 1418, ainfi qu'il fe voit par le Traité & Accord que ladite Dame de Licques fit cette année avec Catherine de Havefkerque, fa Belle-Sœur, n'eut exifté que vers l'an 1500, fi il eut été fils de Catherine de Bethune, comme l'a dit l'Auteur de l'Hiftoire des grands Officiers de la Couronne ; ou il auroit exifté vers l'an 1300, fi on l'eut confidéré fous le Nom de FRANÇOIS ou MAINFROY de LENS, Sire de Rebecques, allié à Jeanne de Licques, Fille de Hues de Licques, dont les Defcendants ont encore poffédé ladite Baronnie de Licques jufques vers l'an 1400, qu'elle paffa alors dans la Maifon de RECOURT.

Marguerite de Rebreviettes, alliée, en premieres Noces, à Jean
de Ollehain, Sieur d'Eftambourg, & en II^{des} Noces, à Louis de
Vazieres, Sieur de Guiffancourt (ou) Gouffancourt. Ces Alliances
font rapportées dans les Mémoires de M. *Le Pez*, ci-deffus cités,
& dans l'Hift. du Cambrefis, art. Ollehain.

✝ 4. ISABEAU de RECOURT, époufa Jean du Bois, dit
d'Annequin, Sieur de Vermeilles, Fils de Jean de Fiennes, Seigneur
du Bois & de Vermeilles, & de Jeanne de Lens, Dame de Louvet
& d'Annequin.

VI DEGRÉ.

JEAN de RECOURT, troifieme du Nom, dit
AGRAVIN (ou) ENGUERRAND, Chevalier, Baron de Licques,
Seigneur de la Comté & de Stienfort, & depuis Châtelain de Lens,
Seigneur de Recourt & de Camblain, par le décès, fans poftérité,
de MARIE de RECOURT, fa Coufine germaine, Châtelaine de Lens,
alliée à Valerand d'Hingettes, Seigneur des Obeaux, dont nous
avons fait mention ci-devant. Il prit particuliérement le Nom
de LENS, à caufe de la Châtellenie qui lui en étoit échue, comme il appert par une quittance de Relief à la Chambre des Comptes
à Lille, rapportée par ledit feu M. *Étienne Le Pez*, dans fes Mémoires, vol. L, page 465. Il eft qualifié de Haut & Puiffant
Seigneur, dans plufieurs Actes, des années. 1418, 1427, 1429,
1445 & 1448 ; & particuliérement dans le Traité paffé entre ladite
Dame Béatrix-Éléonore de Licques, fa Mere, & Catherine de
Havefkerque, Veuve de Matthieu de Licques, fon Oncle maternel
(relativement aux droits qu'elle avoit en la Baronnie de Licques &
Seigneurie de Stienfort) auquel Acte ledit JEAN fcella comme
Héritier apparent. Il époufa MARGUERITE d'ALLENNES, de laquelle
il eut quatorze Enfants, dont cinq Filles, fuivant l'Hiftoire des
grands Officiers de la Couronne, où il eft auffi fait mention de
l'Acte de partage qu'il leur fit de fes Biens, le 9 Janvier de l'an

1455, lesquels furent entre autres :

1. JEAN de RECOURT qui suit.

2. PAURUS de RECOURT, Seigneur de la Comté, l'Auteur de la Branche connue particuliérement sous ce Nom, dont il sera fait mention ci - après.

3. JACQUES de RECOURT eut, pour son partage, la Terre & Seigneurie de Camblain qui retourna, faute d'Hoirs, aux Enfants de son Frere.

4. ROBINET (ou) ROBERT de RECOURT eut celle de Recourt, qui retourna aussi aux Enfants de son Frere.

5. COLINET (ou) NICOLAS de RECOURT fut Seigneur d'Escouannes.

6. ISAAC de RECOURT fut Seigneur de Ternant.

7. GUILLAUME de RECOURT fut Seigneur d'Escouannes, après la mort de NICOLAS de RECOURT, son Frere, par Acte du 13 Août 1466, entre lui & JEAN de RECOURT, son Frere aîné. Il épousa CATHERINE de PRESSY, suivant les Mémoires de M. *Étienne Le Péz*, cités ci-devant, volume V, page 178 & 173. On ignore si, de cette Alliance ainsi que des autres Enfants, il y a eu postérité.

VII. DEGRÉ.

JEAN de RECOURT, (*) Chevalier, Baron de Licques, Châtelain héréditaire de Lens, Seigneur de Recourt, de Camblain & de Stienfort, épousa, par contrat du 27 Août 1453, JEANNE de STAVELLES - d'YSENGHIEM, Fille de JEAN de STAVELLES, Sieur d'Ysenghiem (*d'une illustre Maison fondue dans celle de GAND qui possède encore aujourd'hui la Terre d'Ysenghiem*) & de

---

(*) Nous suivrons ensuite la Généalogie de cette Branche, & de celles qui en sont issues, d'après l'Histoire des grands Officiers de la Couronne & la derniere édition de *Moréry*, qui y concorde, avec d'autant plus de raison que l'auteur de l'Armorial général de France, art. Recourt, 2d volume du Ier Registre, y renvoit à l'article de FERDINAND-GILLON de RECOURT, dit de LENS & de LICQUES, le dernier Mâle de sa Branche, comme on le verra ci-après.

MARGUERITE d'ANTOING. Elle étoit Veuve en 1484. Ils eurent pour Enfants :

1. JACQUES de RECOURT qui suit.
2. CHARLES de RECOURT-de LENS-de LICQUES, Abbé de Notre-Dame de Licques, fondée par ses Ancêtres.

VIII. DEGRÉ.

JACQUES de RECOURT, premier du Nom, Chevalier, Baron de Licques, Châtelain héréditaire de Lens, Seigneur de Recourt, de Camblain & de Stienfort, Chambellan de l'Empereur Charles V, est qualifié comme son Pere, dans plusieurs Titres, NOBLE & PUISSANT SEIGNEUR, MONSEIGNEUR & CHEVALIER. Il fit hommage pour lui & ses Enfants, de la Terre & Seigneurie de Camblain, à Marie de Luxembourg, Comtesse de Vendosme, à cause de son Comté de Saint-Pol, le 17 Septembre 1512. Il vécut jusquà l'âge de 80 ans passées, & mourut le 6 Juillet 1541 ; il fut inhumé en l'Église des Peres Cordeliers d'Avesnes en Haynaut, où on voit son Épitaphe en marbre, devant l'Autel de ladite Église. Il épousa JEANNE du FAY, Fille de LAURENT du FAY, Seigneur de Hullus, Conseiller, Maître-d'Hôtel du Roi, & de BONNE de la VIEUVILLE. Il eut de son Mariage :

1. JACQUES de RECOURT qui suit.
2. FRANÇOIS de RECOURT, Tige de la Branche des Seigneurs de Recourt & de Camblain, dont nous parlerons après celle des Comtes de Rupelmonde.

IX. DEGRÉ.

JACQUES de RECOURT, second du Nom, Chevalier, Baron de Licques, Châtelain héréditaire de Lens, Seigneur de Bouvignies, &c. Conseiller & Chambellan de l'Empereur Charles V, Lieutenant Général du Duc d'Arschot, en Flandres, Gouverneur, Capitaine & Prévôt de la Ville franche de Landrecies en Haynaut, ne vivoit plus l'an 1562. On ignore fi ce fût lui, ou fon Pere qui eut avec la Maifon d'Aix, ce fameux Procès, relatif au Nom & Armes de la Maifon de Lens, qu'ils avoient adoptés l'un & l'autre, & dont nous avons rendus compte dans le Mémoire précédent. Il avoit époufé, en premieres Noces, par contrat du 23 Août 1512, PHILIPPINE le FEVRE-de HEMSTEEDE, Veuve de JEAN VAN-ZWEEN, Seigneur de Wirtiviez, & Fille de ROLAND le FEVRE, Chevalier, Seigneur de Tamife & de Lieuvelet; & d'AVOISE, Dame de HEMSTEEDE : & en fecondes Noces, ISABEAU de FOUQUESOLLES, Fille de JACQUES, Seigneur de Fouquefolles & d'Andrehem; & d'YSABEAU de MONCHY - SENARPONT. Il eut feulement de fa feconde Femme :

1. PHILIPPES de RECOURT qui fuit.

2. MARIE de RECOURT, dite de LENS- de LICQUES, mariée, en premieres Noces, le 12 Juillet 1545, à Oudart de Renty, Chevalier, Baron d'Embry, & en fecondes Noces, à Jean de Croy, Comte de Rœux, Gouverneur des Ville & Château de de Tournay, & de Flandres, Fils aîné de Adrien de Croy, Comte de Rœux; & de Claudine de Melun-Efpinoy.

X. DEGRÉ.

PHILIPPES de RECOURT- de LICQUES, premier de ce Nom, Chevalier, Seigneur & Baron de Licques, Châtelain héréditaire de Lens, Capitaine d'une Compagnie de cent Lances en 1568, Gouverneur, Capitaine & Bailli des Villes de Tournehem, d'Audervick & du Pays de Bredenardres en 1573, Gouverneur & Capitaine des Ville & Citadelle de Cambray & du Cambrefis en 1574, de Harlem & de Louvain; Colonel d'un Régiment d'Infanterie Wallone de dix Compagnies en 1579; Capitaine & Souverain Bailli du Château de la Motte au Bois-de Nieppe, Gruyer & Grand Veneur des Châtellenies de Caffel & de la Motte en 1582, puis Gouverneur de Lille, de Tournay, de Douay & d'Orchies. Il fut commis par le Roi d'Efpagne, le 11 Mai 1586, pour régler avec les Commiffaires du Roi de France

Henri III, les difficultés qui pouvoient naître sur l'interprétation & l'exécution des Articles de la Treve conclue à Cambray le 23 Décembre 1585. Il fit son Testament le 1 Mars, l'an 1587; mourut à Bruxelles, le jour du Vendredi Saint en 1588; & fut enterré aux Cordeliers à Tournay. Il avoit épousé du consentement de l'Empereur & de son Conseil, le 3 Juin 1554, JEANNE de WITHEM, Fille de GEORGES, Chevalier, Seigneur d'YSQUES, (*d'une illustre Maison du Brabant, sortie par batardise des anciens Souverains de cette Province, & alliée aux plus considérables des Pays-Bas*) & de JEANNE de JAUCHE (ou) JAUSSE de MASTAING. Leurs Enfants furent :

1. GABRIEL de RECOURT-de LICQUES qui suit.

2. LAMORAL de RECOURT, Seigneur de Bouvignies, qui fut tué par accident, d'un coup de Canon.

3. PHILIPPES de RECOURT, auteur de la Branche des Comtes de Rupelmonde, rapportée ci-après.

4. LOUIS de RECOURT, mort sans alliance.

5. JACQUELINE de RECOURT, mariée, le 31 Décembre 1575, à Jacques de Langlée, Seigneur de Pecques, Fils de Jean & de Gabriele d'Ognies; elle testa conjointement avec son Mari, le 15 Juin 1614, & encore le 22 Janvier 1622.

6. PHILIPPINE de RECOURT, Chanoinesse de Nivelles, puis mariée en 1581, à Jean de Barlaymont, de la Branche de Floen (ou) Floyon, Seigneur de la Chapelle, Lieutenant des Fiefs du Pays de Liege & Comté de Loz, Grand Bailli de Moha, & Colonel d'un Régiment Allemand.

XI. DEGRÉ.

GABRIEL de RECOURT & de LICQUES, Chevalier, Baron de Licques, de Boninghes & d'Audenthum, Gouverneur de Charlemont & Colonel d'un Régiment de dix Compagnies d'Infanterie, mort en 1589, à la fleur de son âge. Il avoit épousé, le 8 Juillet, 1581, HÉLENE de MERODE, Fille de

Jean, Seigneur de Moriamez, & de Philippine de Monfort. Elle mourut aussi en 1589, ayant eu :

1. Philippes de Recourt qui suit.

2. Gabriel de Recourt, Chevalier, Seigneur de Risbrouck, Capitaine d'une Compagnie de Cuirassiers au service du Roi d'Espagne, en 1620.

3. Marie de Recourt, Mineure en 1589. *Moréry* l'a dit alliée à Louis de Lasso-de la Vega, Comte de Portiliano, Chevalier de l'Ordre de Calatrava.

XII. DEGRÉ.

PHILIPPES de RECOURT & de LICQUES, second du Nom, Baron de Licques & de Boninghes, Seigneur de Risbrouck, de Rodelinghem & d'Audenthum, Conseiller au Conseil de guerre du Roi d'Espagne, Gouverneur des Ville & Château de Bourbourg, en 1624, Grand Bailli des Bois du Haynault & de la Forêt de Mormal, Capitaine d'une Compagnie de cent Arquebusiers à cheval, en 1631; testa le 6 Février 1657, & mourut le 28 Mai suivant. Il avoit épousé, en Ieres Noces en 1614, Suzanne de L'Anglée, sa Cousine Germaine, Fille de Jacques, Sieur de Pecques, Grand Bailli de Gand, & de Jacqueline de Recourt. Il épousa en IIdes Noces, le 13 Juin 1630, Louise de Cruninghem, Fille & Héritiere de Maximilien, Baron de Cruninghem, Vicomte de Zélande, & d'Eve de Kniphausen-Inhausen. Cette Alliance le fit tenir à plusieurs Têtes couronnées de l'Europe, puisque Maximilien étoit Fils de Jean, Baron de Cruninghem, Vicomte de Zélande, & de Jacqueline de Bourgogne, Fille d'Adolphe, Seigneur de Beures & de la Vere, Amiral de Flandres, Chevalier de la Toison d'Or, & d'Anne de Berghes-Glimes, & petite Fille de Philippes de Bourgogne, Seigneur de Beures & de la Vere, Amiral de Flandres, Gouverneur d'Artois, Chevalier de la Toison d'Or, & d'Anne de Borselles, Fille de Wolfart de Borselles, Seigneur de la Vere, Comte de Grandpré, Maréchal

de

de France, Chevalier de la Toifon d'or, & de Charlotte de Bourbon, Fille de Louis, Comte de Monpenfier, Dauphin d'Auvergne, & de Gabrielle de la Tour. De fon premier Mariage il eut Jacqueline-Suzanne de Recourt-de Lens-de Licques, mariée à Nicolas de Recourt-de Licques, fon Parent, Chevalier, Seigneur de la Vere, Lieutenant Général des Armées du Roi d'Efpagne, Gouverneur de Rupelmonde, & Capitaine d'une Compagnie de Cuiraffiers à cheval. Son Mari & elle tefterent en 1661. du fecond Mariage font iffus :

1. Philippes-Charles-Barthelemi de Recourt qui fuit.

2. Marie-Jeanne de Recourt (que l'Auteur de la derniere édition de *Moréry*, fait Fille aînée du premier Lit, & nomme feulement Marie) fut alliée, le 22 Décembre 1640, à Raffe de Gavres, Marquis d'Aifeau, Comte de Beaurain & d'Embry, Confeiller au Confeil de Guerre du Roi d'Efpagne, Gouverneur & Capitaine de Charlemont, Iᵉʳ Maître-d'Hôtel de l'Archiduc Léopold : il mourut le 31 Mars 1653.

3. Marie-Françoise de Recourt, Vicomteffe de Loz, fut alliée à François d'Andelot, Seigneur de l'Efclatieres & de Hove.

XIII. DEGRÉ.

PHILIPPES-CHARLES-BARTHELEMI de RECOURT-de LICQUES, Vicomte de Zélande, Marquis de Licques, Baron de Boninghes & de Rodelinghem, fucceffivement Capitaine d'une Compagnie franche Wallonne, puis d'une Compagnie de cent chevaux - Cuiraffiers, en l'an 1645, Grand Bailli des Bois du Haynaut, & Gentilhomme de la Chambre de l'Électeur de Cologne, Prince de Baviere ; & tefta le 16 Mars 1699. Il avoit époufé, en Iʳᵉˢ Noces le 23 Janvier 1659, Marguerite-Caroline-Gertrude de Berlo ; d'une Maifon illuftre du Pays de Liege, Chanoineffe du Noble Chapitre de

H

Mouftier, & Fille de PAUL, Baron de Berlo, & de MARIE de la FONTAINE; & en IIdes Noces, FRANÇOISE de BAYNAST de SEPT-FONTAINES, qui étoit décédée fans Enfants en l'anné 1699. De fon Ier Mariage il eut :

1. FERDINAND-ROCH-JEAN de RECOURT qui fuit.

2. MARIE-JEANNE-LOUISE de RECOURT, dite de LENS & de LICQUES, morte fans Alliance.

XIV. DEGRÉ.

FERDINAND-ROCH-JEAN de RECOURT de LENS & de LICQUES, Baron de Boninghes, né le 16 Août 1666, fut dabord reçu Page du Roi, en fa grande Écurie, le 5 Août 1684, puis Capitaine d'une Compagnie de Dragons au fervice de France, & décéda en 1705. Il avoit époufé, le 23 Janvier 1700, ANNE-MICHELLE-ALEXANDRINE le SART, Fille de CHARLES le SART, Seigneur de Prémont, Lieutenant du Roi dans les Provinces du Cambrefis & du Haynaut, Gouverneur du Câtelet, Chambellan de Monfieur, Duc d'Orléans; & d'ANTOINETTE-CAROLINE le SART. De fon Mariage il eut :

1. FERDINAND-GILLON de RECOURT qui fuit.

2. MICHELLE-CHARLOTTE-CATHERINE de RECOURT, dite de Lens & de Licques, marieé, par contrat du 23 Février 1729, à Jacques de l'Éfpinay de Marteville, Chevalier, Seigneur de Panfy, de Chamouilles & de Colliegies en Laonnois, dont font iffus deux Garçons & une Fille; l'Aîné a époufé une Fille de la Maifon d'Avefnes d'Hermonville, près Reims; le Cadet a époufé une Demoifelle Rillart, à Laon; & la Demoifelle de l'Efpinay fut alliée à N. Godet, l'un des Seigneurs de Taiffy & de Vadenay, en Champagne, ancien Garde du Corps de Sa Majefté.

XV. DEGRÉ.

FERDINAND-GILLON de RECOURT-de LENS & de LICQUES, Chevalier, Marquis de Licques, Baron de Boninghes, fut baptisé le 27 Octobre 1705, reçu Page de la grande Écurie du Roi le 21 Septembre 1722, & mourut le 21 Octobre 1771, le dernier mâle de la Branche des Seigneurs de LICQUES. Il avoit épousé, par Contrat du 22 Novembre 1730, ÉLISABETH de l'ESPINAY de Marteville, d'une ancienne Maison de Picardie, Fille de JACQUES Marquis de Marteville, Maréchal des Camps & Armées du Roi, & de FRANÇOISE d'ABANCOURT; de ce Mariage il n'a laissé que trois Filles, savoir;

1. CATHERINE-ÉLISABETH-HENRIETTE de RECOURT, dite de LENS & de LICQUES, mariée, par Contrat du 1 Octobre 1748, à Louis-Eugene-Marie Comte de Beaufort & de Moulle, Député à la Cour, pour le Corps de la Noblesse des États d'Artois, en 1756 & en 1761. De ce Mariage est issue Louise-Ferdinande-Henriette de Beaufort, née le 5 Décembre 1752; reçue Chanoinesse à Nivelle, le 29 Octobre 1759, puis mariée le 26 Septembre 1769 à Balthazard-Philippes Comte de Merode, de Monfort & du S. Empire.

2. LOUISE-AEXANDRINE-AIMÉE de RECOURT, dite Mademoiselle de LENS, mariée en 1758, à Charles-François-Joseph, Comte de Chiftelles, dont il y a plusieurs Enfants.

3. MARIE-GABRIELLE-VICTOIRES-NIMPHE de RECOURT, dite Mademoiselle de Licques, sans Alliance.

BRANCHE DES COMTES DE RUPELMONDE.

XI. DEGRÉ.

PHILIPPES de RECOURT & de LICQUES, troisieme Fils de PHILIPPES, premier du Nom, & de JEANNE de WITTHEM, fut Seigneur d'Audenthum & de Wiffekerque, Terre érigée en Baronnie par Lettres-patentes de Philippes IV, Roi d'Espagne, le 31 Juillet 1630, en sa faveur, à la charge de la tenir en plein Fief du Comté de Flandres; ET CE, en considération des services qu'il avoit rendus depuis plus de quarante ans, en qualité de Capitaine d'une Compagnie d'Infanterie & d'une autre de Chevaux-Lanciers, de Colonel d'Infanterie Wallonne, de Capitaine commandant le

Château de Rupelmonde, & enfuite de Grand Bailli du Pays de Waës: il s'attacha d'abord au Service du Duc de Parmes, dont il étoit Capitaine de fa Garde en 1589, & tefta le 14 Juin 1630, conjointement avec Marguerite Van-Steeland, qu'il avoit époufé le 11 Décembre 1590, Fille de Servas, Seigneur de Wiffekerque, & de Marie de Longin : elle ne vivoit plus le 12 Mars 1631. Ils eurent pour Enfants.

1. Servas de Recourt, qui fuit.

2. Philippes de Recourt, Seigneur de la Vere & de Waësbrouck, Chevalier de l'Ordre de Calatrava, mort fans Alliance.

3. Nicolas de Recourt, Seigneur de la Vere après fon Frere, fut Gouverneur de Rupelmonde, Capitaine de Chevaux-Cuiraffiers en 1636, puis Lieutenant-Général des Armées en Efpagne; il tefta conjointement avec fa Femme en 1661, & mourut en Efpagne en 1677; il avoit époufé Jacqueline-Suzanne de Recourt-de Lens & de Licques, fa Coufine, Fille de Philippes fecond du Nom, & de Suzanne de Langlée, fa premiere Femme, dont il eut Marie-Philippine de Recourt, inftituée Héritiere par le Teftament de fes Pere & Mere, de l'an 1661, & depuis Religieufe; & Claire-Françoise-Thérese de Recourt, Donataire de fa Sœur en 1677, & morte fans Alliance.

4. Marie de Recourt, Femme de Jean de la Hamaïde, Chevalier, Seigneur de Trivieres en 1636, & vivoit encore en 1639.

5. Honorine de Recourt, qui époufa Dom Martin de Sarria, Chevalier de l'Ordre de Calatrava, & Meftre de Camp d'une Terce d'Infanterie Efpagnole, en 1636 & en 1639.

6 & 7. Deux autres Filles Religieufes.

XII. DEGRÉ.

Servas de Recourt & de Licques, Baron de Wiffekerque, Seigneur de Beaufort, fucceffivement Capitaine de trois cents Hommes d'Infanterie Efpagnole, Commandant des Forts de Callos, de Burcht & de Were-Brouck, Grand Bailli du

Pays de Waës, Surintendant de l'Armée Espagnole dans le Pays &
Comté de Flandres, avoit épousé, par contrat du 20 Septembre
1624, MARGUERITE DE ROBLES, sortie d'une illustre Maison ori-
ginaire d'Espagne, Fille de JEAN DE ROBLES, Comte de Hanap,
Gouverneur & Capitaine Général des Villes & Châtellenies de
Lille, Douay & Orchies, & de MARIE DE LIEDEKERQUE, issue de
la Maison de Gavres ; étant Veuve, elle se remaria à Donati
Allemani, Seigneur Florentin, Colonel d'Infanterie, dont elle eut
une Fille nommée Victoire-Desirée Allemani, mineure en 1651.
De son premier Mariage sont issus.

1. PHILIPPES DE RECOURT, qui suit.

2. EUGENE DE RECOURT, Lieutenant Colonel d'un Régiment
d'Infanterie Espagnole, & Haut Échevin du Pays de Waës, mort
sans Postérité.

3. CHARLES DE RECOURT, mort sans Alliance.

4. AURELIE DE RECOURT, alliée à Ignace de la Kethule,
Seigneur d'Apvrile.

5 & 6. Deux Filles Religieuses.

XIII. DEGRÉ.

PHILIPPES de RECOURT de LICQUES, IV du
Nom, Chevalier, Baron de Wissekerque, Capitaine d'Infanterie
Wallonne, il acheta de Philippes IV, Roi d'Espagne, par Contrat
du 9 Avril 1658, les Ville, Château, Terre & Seigneurie de
Rupelmonde, mouvants du Comté de Flandres, moyennant
31000 livres, & il en donna son relief le 5 de Septembre en la
même année, en la Chambre du Conseil de Flandres. Il avoit épousé
par Contrat du 3 Juillet 1665, MAGDELEINE DE BAERLAND, Fille de
JACQUES, Seigneur de BAERLAND, & de MARIE de SCHUIFLEN ;
duquel Mariage il eut un Fils unique.

XIV. DEGRÉ.

PHILIPPES de RECOURT dit de LENS & LICQUES,
V du Nom, Baron de Wissekerque & Comte de Rupelmonde,

par Lettres d'Érection du 6 Février 1670; époufa, par Contrat du
21 Avril 1677, MARIE - ANNE - EUSEBE de ERBTRUSCHES, née
Comteffe de Wolfegg, Fille de MAXIMILIEN - GUILLAUME
ERBTRUSCHES, Comte de Wolfegg, Gouverneur d'Amberg en
Baviere, forti d'une grande Maifon d'Allemagne, & de ISABELLE-
CLAIRE de LIGNE-D'AREMBERG, Fille de Philippes-Charles,
Prince d'Aremberg & Duc d'Arfchot. De fon Mariage il eut
pour Fils unique.

XV. DEGRÉ.

MAXIMILIEN - PHILIPPES - JOSEPH de RECOURT,
dit de LENS & de LICQUES, Comte de Rupelmonde, Baron
de Wiffekerque, &c. fut émancipé par Lettres du 26 Janvier
1701, & fut fucceffivement Colonel d'un Régiment d'Infanterie
Wallonne en 1702, enfuite Brigadier des Armées du Roi en 1706,
puis Maréchal de Camps, & mourut à la Bataille de Villa-Viciofa
en Efpagne, le 10 Décembre 1710. Il avoit époufé, le 4 Janvier
1705, MARIE - MARGUERITE - ÉLIZABETH d'ALEGRE, Dame du
Palais de la feue Reine, & Fille d'YVES, Marquis d'Alegre, Maréchal
de France & Chevalier des Ordres du Roi. Elle eft morte le 2
Juin 1752, dans la 64me année de fon âge, ayant eu pour Fils
unique.

XVI. DEGRÉ.

YVES - MARIE de RECOURT, dit de LENS & de
LICQUES, Comte de Rupelmonde, Baron de Wiffekerque, &c.
né le 21 Décembre 1707. Il donna fon dénombrement du Comté
de Rupelmonde, le 22 Décembre 1711. Il fut Capitaine au
Régiment d'Alface, Infanterie, avec Brevet de Colonel à la fuite dudit Régiment, puis Colonel du Régiment d'Angoumois, Infanterie,
le 20 de Février 1734; Brigadier des Armées, à la promotion
du 1 d'Août fuivant, & fervit, en cette qualité, fur les frontieres
d'Allemagne, pendant l'hiver de 1735 à 1736; enfuite Maréchal
de Camp, à la promotion du 13 Février 1743, & a continué

de fervir, pendant l'hiver de 1744, en cette qualité, dans le corps
d'Armée commandé par le Marquis de Segur, pour aller en Baviere
au fecours de l'Électeur, & s'étant trouvé au Combat de Pasfen-
Hoven en Baviere, donné le 15 Avril 1745, entre l'Armée
d'Autriche, compofée de 15000 hommes, & celle de France,
compofée de 6200, qui alloient joindre les Troupes de l'Électeur;
il mourut d'un coup de fufil dans le bas-ventre. Il avoit epoufé,
le 21 Avril 1733, MARIE-CHRÉTIENNE-CHRISTINE de GRAMMONT,
née le 15 Avril 1721, Fille de LOUIS, Comte, depuis, Duc de
Grammont, Pair de France, Chevalier des Ordres du Roi, Lieutenant-Général de fes Armées, Colonel du Régiment des Gardes
Françoifes, & de GENEVIEVE de GONTAUT, Fille du Duc de BIRON.
Elle a été nommée Dame du Palais de la Reine, le 25 Mai 1741,
fur la démiffion de feue la Comteffe de Rupelmonde, Douairiere,
fa Belle-Mere, avec l'agrément du Roi qui avoit figné fon Contrat
de Mariage, le 27 Mai 1731. Il eut de fon Mariage un Fils unique,
LOUIS de RECOURT de RUPELMONDE, né le 29 Avril 1740,
& mort à l'âge de 4 ans. Après la mort de fon Mari & de fon
Fils, elle fe démit de fa Charge de Dame du Palais de la Reine,
& entra dans l'Ordre des Carmelites, rue de Grenelle, à Paris,
en 1751.

BRANCHE DES CHATELAINS DE LENS,
Seigneurs de RECOURT & de CAMBLAIN, iffus des Barons
de LICQUES.

IX. DEGRÉ.

FRANÇOIS de RECOURT, Seigneur de Recourt &
de Camblain, Fils puiné de JACQUES, Ier du Nom, Baron de
Licques, Châtelain héréditaire de Lens, &c. & de JEANNE du
FAY, mourut le 21 Septembre 1535. Il avoit époufé BARBE de
SAINT-OMER, dite de MOERBEQUE, Dame de Hondecouftre, Fille
de DENIS de SAINT-OMER, iffu des anciens Châtelains de Saint-
Omer & de MARGUERITE de FLANDRES-DRINCKAM. De leur
Mariage font iffus :

1. FRANÇOIS de RECOURT qui fuit.

2. & 3. JEANNE & SUZANNE de RECOURT, Religieufes.

4. JACQUELINE de RECOURT, morte en 1590. Elle époufa, en I^{res} Noces, Antoine de Sacquefpée, Chevalier, Seigneur de Dixmude, Gouverneur de Dunkerque, décédé en 1568. Il étoit Fils de Guillaume, Seigneur de Dixmude, de Baudemont & de Ecou-Saint-Main, & de Marguerite Jouglet : & en IIes Noces, François de Montmorency, Chevalier, Seigneur des Waftines, & de Berfée, Veuf d'Hélene de Gand-Villain-d'Yfenghiem, & Fils de Jean de Montmorency, Chevalier, Seigneur des Waftines Écuyer & Échanfon de Philippes II, Roi d'Efpagne; & de Anne de Blois-Treslon.

5: FRANÇOISE de RECOURT, alliée à François de Wiffock, Chevalier, Sire de Tanlay, Fils de Philippes, Seigneur de Bomy; & de Claude de Monchy-Montcaurel.

X. DEGRÉ.

FRANÇOIS de RECOURT, dit de LENS, fecond du Nom, Chevalier, Seigneur de Recourt & de Camblain, &c. Il fut l'un des Gentilshommes de la Maifon du Roy d'Efpagne; acquit la Châtelenie de Lens de PHILIPPES de RECOURT, premier du Nom, Baron de Licques, fon Coufin germain; & mourut le 29 Août 1589. Il avoit époufé, par contrat du 13 Janvier 1567, ISABEAU de SAINT-OMER, fa Parente, Fille de NICOLAS, Seigneur de Wallon-Capelle, & de JEANNE de SCHOUTETE d'ERPE, & eut de fon Mariage plufieurs Enfants, favoir;

1. FRANÇOIS de RECOURT qui fuit.

2. PHILIPPES de RECOURT, Religieux de l'Ordre de Saint François.

3. LOUIS de RECOURT, Seigneur de Louvernet, mort fans avoir été Marié : il eft rappellé dans une Sentence rendue au grand Confeil de Malines, le 7 de Septembre 1612, entre lui & François de Recourt, Châtelain de Lens, fon Frere, Meffire

Philippes

Philippes de Rubempré, à caufe de Dame Jacqueline de Recourt, fa Femme, & Meffire du Châtel, Seigneur de la Houvarderie, à caufe de fes Enfants mineurs, d'une part, & Meffire Jean Lelievre, Chevalier, d'autre part; pour tranfport & abandon auxdits Seigneurs d'une fomme de fept cents quatorze florins de Rente, conftituée fur Jean de Hayne, Tréforier Général de Hauts & Puiffants Seigneurs, le Prince de Chimay, & le Duc de Croy. Ledit Tranfport fut exécuté à Saint-Omer, le 16 Janvier 1613.

4. JACQUELINE de RECOURT, mariée premierement, à Jean de la Barre, Chevalier, Seigneur de Moufcron; & fecondement à Philippes de Rubempré, Comte de Vertaing, Chevalier de la Toifon d'Or, Gouverneur & Capitaine Général des Châtellenies de Lille, Douay & Orchies, Grand Veneur du Duché de Brabant, décédé le 8 Août 1639. Elle mourut le 21 Avril 1629, & ils furent inhumés en l'Églife des Peres Jéfuites, à Tournay, fuivant l'Infcription mife fur un marbre, au milieu de ladite Églife.

5. ANNE de RECOURT, décédée le 15 Octobre 1609, Femme de Antoine du Châtel, Chevalier, Seigneur de Caurines & de la Houvarderie, Vicomte de Haut-Bourdin, Fils de Nicolas, & d'Antoinette de Averhoult. De leur Mariage eft iffue Marie du Châtel, alliée à Antoine de Crequy, Chevalier, Seigneur & Baron de Rambournel.

XI. DEGRÉ.

FRANÇOIS de RECOURT, troifieme du Nom, Chevalier, Châtelain héréditaire de Lens, Seigneur de Recourt & de Camblain, Gouverneur des Ville & Château d'Aire; époufa en 1604, ANNE de NOYELLES, Fille de PAUL, Seigneur de Noyelles, mentionné en l'Hiftoire du Cambrefis, page 834; & d'ANNE de CRUNINGHEM, de la Famille de laquelle nous avons déjà parlé à l'art. de PHILIPPES de RECOURT, Baron de Licques, fecond du Nom. De fon Mariage font iffus:

1. PAUL de RECOURT qui fe noya à Dangu, âgé de 18 ans,

I

en revenant de faire ſes exercices à l'Académie de Paris.

2. PHILIPPES de RECOURT, mort jeune.

3. FRANÇOIS de RECOURT qui ſuit.

4. PHILIPPES-CHARLES de RECOURT, Commandant d'une Compagnie de Chevaux-Légers, mort en Catalogne, pendant la révolte de l'an 1640.

5. CHARLES-ANTOINE de RECOURT, Religieux de l'Ordre des Saint François.

6. ANNE-MARIE de RECOURT, l'une des Dames de l'Infante d'Eſpagne, & alliée à Jean de Velaſco, Comte de Salazar, Gouverneur de la Citadelle de Tournay, Grand-Maitre de l'Artillerie d'Eſpagne, employée au Pays-Bas & Comté de Flandres, Fils de Bernard de Velaſco & de Marie de Laſſo, iſſue de la Maiſon de Caſtille. Elle mourut en Artois, au mois d'Octobre 1682.

7. & 8. MARIE-FLORENCE & MARIE-FRANÇOISE de RECOURT, Religieuſes, Chanoineſſes de la Noble Abbaye d'Eſtrun-lès-Arras.

XII. DEGRÉ.

FRANÇOIS de RECOURT, quatrieme du Nom, Chevalier, connu ſous le nom de Baron de RECOURT, Châtelain héréditaire de Lens, Seigneur de Camblain ; mourut vers l'an 1680. Il avoit épouſé, en Ires Noces, ISABELLE-CLAIRE d'ESTOURMEL, Fille de ROBERT d'ESTOURMEL, Baron de Doulieux, Gouverneur de Bailleul en Flandres ; & de MARGUERITE de NOŸELLES, de laquelle n'ayant pas eu d'Enfants, il ſe remaria, avec diſpenſe de la Cour de Rome, avec MARIE-FLORENCE d'ESTOURMEL, Sœur de la précédente, elle mourut auſſi ſans Enfants. Depuis, les Terres & Seigneuries de RECOURT & de CAMBLAIN ſont paſſées en mains étrangeres, par la Vente qui en fut faite par Décret au Conſeil d'Artois, l'an 1682. Quant à la Châtellenie de Lens, on ignore dans quelles mains elle tomba. Il y a lieu de préſumer que les Droits utiles & honorifiques en ont été ſupprimés dans le temps des Guerres qui ont long-temps exiſté dans cette Province, ſous le Regne de Louis XIV, Roi de France.

BRANCHE DES SEIGNEURS DE LA COMTÉ,
iſſus des BARONS de LICQUES.

VII. DEGRÉ.

PORRUS (ou) PAURUS de RECOURT, ſecond Fils de JEAN de RECOURT, premier du Nom de la Branche des Barons de Licques ; & de MARGUERITE d'ALLENNES : eut pour ſon partage, la Seigneurie de la Comté, mouvante & relevante du du Chapitre de Saint Amé, à Douay. Il épouſa ALIX de SAVEUSE, Fille de BON de SAVEUSE, Gouverneur de Bethune ; & de CLAUDINE d'INCHY, dont il eut pour Enfants :

1. NICOLAS de RECOURT, dit de LICQUES, qui ſuit.

2. JEAN de RECOURT, Tige des Seigneurs des Auteux, dont il ſera fait mention ci-après.

3. BONNE de RECOURT, dont on ignore l'alliance.

4. MICHELLE de RECOURT, alliée à Simon de Bayencourt, Seigneur de Bouchavannes, Gouverneur de Doulens en Picardie.

VIII. DEGRÉ.

NICOLAS de RECOURT, dit de LICQUES, Seigneur de la Comté & de Torfontaines ; épouſa, le 6 Septembre 1487, BONNE de GOUY, Fille de JEAN, Seigneur de Gouy-les-Heſdin ; & de JEANNE de HERTRUS, de laquelle il eut :

1. JACQUES de RECOURT qui ſuit.

2. ALEXANDRE de RECOURT, Seigneur de Gouy, fut Pere de trois Filles, dont l'Aînée, nommée NICOLLE de RECOURT, fut alliée à Jean de Boubers, Seigneur de Bernatre : on ignore l'Alliance des deux autres.

3. ANTOINE de RECOURT, Seigneur de Torfontaine, fut allié à Barbe d'Amerval, dont il eut 1°. BARBE de RECOURT, alliée au Seigneur de Framezelles, & mourut ſans poſtérité. 2°. MARIE de RECOURT, qui épouſa Jean, Seigneur de Hove.

4. JEANNE de RECOURT, fut alliée à Jean de Goſſon, Sieur de Saint-Floris, dont eſt iſſue Catherine de Goſſon, alliée à Louis del-Planques, dont eſt iſſue Barbe del-Planques, Dame de Saint-Floris & de la Comté, alliée à Charles de Ghiſtelles, Sieur de Proveres.

5. ANTOINETTE de RECOURT, fut alliée à Adrien de la Cauchie, Seigneur de Rocques & de Monſorel.

6. FRANÇOISE de RECOURT, dont on ignore l'alliance.

IX. DEGRÉ.

JACQUES de RECOURT, dit de LICQUES, Seigneur de la Comté, fut allié à JEANNE du BOIS de FIENNES, Fille de PORRUS, Seigneur de Beures; & de JEANNE de BOURNONVILLE. Il eut de ſon Mariage :

1. PORRUS de RECOURT, ſecond du Nom, Seigneur de la Comté qu'il vendit à Catherine de Goſſon, Dame de Saint-Floris, ſa Couſine germaine, mentionnée en l'art. précédent; il mourut ſans Enfants. Ainſi finit cette Branche des Seigneurs de la Terre & Seigneurie de la Comté qui reſta l'eſpace de trois ſiecles environ, dans la Maiſon de Recourt, depuis les Châtelains de Bailleul.

2. NICOLAS de RECOURT, mort Eccleſiaſtique à Douay, le 6 Octobre 1592.

3. PAUL de RECOURT, décédé ſans Enfants.

4. JEANNE de RECOURT, dite de LICQUES, alliée à Henri-François de Berry, dont, Jeanne de Berry, Femme de Maximilen de Swart-Zembourg. Il en eſt fait mention dans le grand Nobiliaire de Picardie, art. Berry.

BRANCHE DES SEIGNEURS DES AUTEUX, iſſus des SEIGNEURS de la COMTÉ.

VIII. DEGRÉ.

JEAN de RECOURT, dit de LICQUES, Seigneur d'Allennes, ſecond Fils de PORRUS, premier du Nom, Seigneur de la Comté, & d'ALIX de SAVEUSE ; épousa ANTOINETTE d'OSTREL, Dame des Auteux, Fille de GILBERT, Seigneur des Auteux ; & de JEANNE de FRANCE. De leur Mariage sont issus.

1. JEAN de RECOURT, dit de LICQUES, qui suit.

2. FRANÇOIS de RECOURT, dit de LICQUES, Sieur d'Allennes, Mort sans Enfants.

3. FERRY de RECOURT, dit de LICQUES, Seigneur de Linques, mort sans alliance.

4. CATHERINE de RECOURT, dite de LICQUES, Dame d'Outreleau.

5. MARGUERITE de RECOURT, dite de LICQUES, Dame de Caumesnil.

IX. DEGRÉ.

JEAN de RECOURT, dit de LICQUES, Seigneur des Auteux, partagea avec ses Freres & Sœurs, le 7 Avril 1518, leur bien Paternel & Maternel. Il épousa, en premieres Noces, MARGUERITE de BAYENCOURT, dont il n'eut pas d'Enfants ; & en secondes Noces, MARGUERITE de SAINT-DELIS, Fille d'ADRIEN, Sieur de la Morliere, & d'ANTOINETTE de FONTAINES. De ce Mariage il eut pour Enfants.

1. PORRUS de RECOURT, dit de LICQUES, mort sans alliance.

2. ANTOINE de RECOURT, dit de LICQUES, qui suit.

3. & 4. PIERRE & CHARLES de RECOURT, dit de LICQUES, morts sans postérité.

5. FLORENCE de RECOURT, dite de LICQUES, alliée à Jean de Rodart, Écuyer, Seigneur de Saint-Aubert.

6. & 7. ANTOINETTE & BARBE de RECOURT, dites de LICQUES, dont on ignore les alliances.

X. DEGRÉ.

ANTOINE de RECOURT, dit de LICQUES, Seigneur d'Allennes & des Auteux, épousa, par Contrat reconnu à Loudun le 8 Septembre 1570, GUILLEMETTE d'ESPINAY des HAYES, derniere Fille de LOUIS d'ESPINAY , Baron de Bois - Geroult ; & de CHARLOTTE de ISQUES, fa prèmiere Femme, & petite Fille d'OLIVIER des HAYES, Seigneur de Bois-Geroult & d'Efpinay, l'un des cent Gentilshommes de la Maifon du Roi ; & de JACQUELINE de DREUX-MORAINVILLE. *Voyez* Dict. de la Nobleffe, tome 6. Il eut de ce Mariage ; 1°. DAVID de RECOURT, dit de LICQUES, Sgr des Auteux, mort fans alliance. 2°. Et JUDITH de RECOURT de LICQUES, Femme de LOUIS de GUIZELIN, Sgr des Barres , près Calais. Il époufa, en fecondes Noces, MAGDELAINE YONG, dont il eut :

1. PIERRE de RECOURT, dit de LICQUES, Sieur des Auteux, mort fans alliance.

2. JEAN de RECOURT, dit de LICQUES, Seigneur d'Allennes, qui fuit.

3. SAMUEL de RECOURT, dit de LICQUES, Seigneur du Fayel, mort au Service.

4. MARIE de RECOURT, dite de LICQUES, Femme de Adrien le Loup, Écuyer, Sieur de la Bucaille, par Contrat du 30 Août 1618, paffé devant Olivier Rillard & Nicolas Borel, Notaires à Ponteau de Mer.

5. RACHEL de RECOURT, dite de LICQUES, dont on ignore la poftérité. Ces cinq Enfants font les feuls nommés dans l'Acte de partage, du 29 Décembre 1617, de la Succeffion de Antoine de Recourt, dit de Licques, mort à Loudun le 30 Avril 1616. *Voyez* les Mémoires de la Vie de Philippes de Mornay.

XI. DÉGRÉ.

JEAN de RECOURT, dit de LICQUES, Seigneur d'Allennes, fut auffi Seigneur des Auteux à lui échus, le 8 de Mars 1627, par la mort de PIERRE de RECOURT, dit de LICQUES, fon Frere. Il époufa ANNE du TERTRE, Fille de CENTURION du TERTRE & de N. de LOYNES ; mais ayant été ruiné par les guerres Civiles, fa Terre des Auteux fut décrétée le 27 Juin 1668 ; & il eut de fon Mariage.

XII. DEGRÉ.

ANTOINE de RECOURT, dit de LICQUES, Seigneur d'Allennes, le dernier de fa Branche, eft mort fans poftérité. On le voit, encore, dans une Procuration paffée devant Notaires en 1660, recueillir, au nom de fon Pere, la Succeffion de MARGUERITE YONG, fa Coufine, & tranfiger pour la Dot de MARIE de RECOURT, dite de LICQUES, fa Tante, Veuve du Sieur ADRIEN le LOUP, & Tutrice de fes Enfants.

En lui s'éteignit cette Branche Cadette de Recourt, des Châtelains de Lens qui portoient écartelé de Lens & de Licques, depuis fa fa féparation des autres Branches de la Maifon de Recourt, dont elle avoit auffi quitté le Nom, que les Généalogiftes feuls lui ont confervé; ainfi qu'à ceux qui ont poffédé la Terre & Seigneurie de Recourt; ce qu'on peut prouver par divers Actes de Notaires, Regiftres d'Église, Avœux & Dénombrement de Fiefs qu'ils ont poffédés, par des Titres de Famille, & enfin par la Généalogie de la Maifon de Croy, par *Jean Schier* & autres Auteurs qui en ont fait mention. Les Actes, ci-deffus rapportés, font paffés avec les Biens de cette Branche, dans la Famille de M. des Hayes, reprefentant cette Branche, dont l'Alliance eft ci-deffus rapportée au X degré.

Les Branches des Barons de LICQUES *& des Comtes de* RUPELMONDE *qui ont porté les Noms de* RECOURT-*de* LENS-*de* LICQUES, *ont porté pour Armes, fuivant* Morery, *Ecartelé au 1 & 4, Contre-écartelé d'or & de fable qui eft de* LENS; *au 2 & 3, bandé d'argent & d'azur de 6 pieces, à la bordure de Gueules, qui eft de* LICQUES; *& fur le tout, parti, de Gueules, à 3 bandes de vair, au chef d'or, qui eft de* RECOURT; *& parti, d'or à 3 tourteaux de Gueules, qui eft de* BOULOGNE.

BRANCHE DES SEIGNEURS DE SARTON ET DE BARASTRE,
Dont font iffus les SEIGNEURS du SART.

IV. DEGRÉ.

JEAN de RECOURT, fecond Fils de JEAN, Ier du Nom, Châtelain de Lens, & de JEANNE de VIANNES, époufa ISABEAU de BRIMEU, fuivant l'Extrait de plufieurs anciennes Généalogies des Maifon de Lens & de Recourt. Elles ne citent aucunes particularités qui le concernent. De ce Mariage font nés plufieurs Enfants, entre autres :

1. JEAN de RECOURT qui fuit.

2. PIERRE de RECOURT : il fervoit, en l'an 1411, fous les ordres de Meffire Alain de Longueval, Lieutenant des Armées du du Roi. Il fe trouva en l'an 1421, avec le Duc de Bourgogne, à la bataille de Mons-en Vimeu, qui couta beaucoup de fang à la France, ce qui détermina plufieurs Seigneurs de Picardie d'abandonner le Duc de Bourgogne, & de reconnoître Charles VII, Roi de France, pour leur Souverain légitime, dans une Affemblée de la Nobleffe, tenue l'an 1423, à Roye en Picardie, où ledit PIERRE de RECOURT affifta. Extrait de l'Hift. de Picardie, par *La Morliere.* art. Longueval, page 88.

3. FLORIMOND de RECOURT, vivant en l'an 1427, & mentionné dans une Sentence rendue par Baudouin de Noyelles, Confeiller, Chambellan de M. le Duc de Bourgogne, au profit de Jean de Gouffancourt, contre les Habitants de la Paroiffe de Croix. *Voyez* le grand Nobiliaire de Picardie, art. Gouffancourt. On ignore les alliances de ces deux derniers.

V. DEGRÉ.

JEAN de RECOURT, fecond du Nom de cette Branche, Chevalier, époufa MARIE d'ENNE, Fille de JEAN, Sieur du Cauroy, de Sarton & de l'Écaille, vivant encore l'an 1396, ainfi qu'il eft rapporté en l'Hift. du Cambrefis, art. Enne.

Cette

Cette Maison connue dans les Provinces d'Artois, de Picardie &
du Cambrefis, avant l'année 1200, & citée particuliérement dans les
preuves de cette Hift. ès années 1219, 1269, 1303, 1386, 1439, &c.
étoit tellement alliée à celle de Landaft, qu'on ne fait dans laquelle
des deux, l'une fondit dans l'autre, & depuis, ces deux Familles n'en
firent qu'une feule. On voit dans la même Hiftoire, les grands
Biens qu'elles poffédoient, entre autres, les Terres de Sarton
& de Grandcourt que la Maison d'Enne porta dans la Branche de
Recourt, alliée depuis à la Maison de Bataftre, comme on
le verra ci-après. Suivant la Généalogie de la Maison de Lens,
extraite du Cabinet des Manufcrits de la Bibliotheque du Roi,
il fonda en l'an 1414, à l'Églife de Lens, la Rente annuelle
mentionnée ci-devant, pour prier Dieu pour lui; Dame MARIE,
fa Femme; JEAN, Châtelain de Lens, fon Pere; & Dame
ISABELLE, fa Mere. Il eft dit, dans la même Généalogie, qu'il
mourut en la bataille d'Azincourt, l'an 1415. De leur Mariage
font iffus les Enfants fuivants :

1. GERARD de RECOURT qui fuit.

2. IDE de RECOURT, dite de LENS, alliée à Chriftophe
de Recourt, fon Coufin, Fils de François, Sieur de la Comté;
& de Béatrix-Éléonore de Licques, dont le Fils aîné hérita
particuliérement des Châtellenies de Lens, & Baronnie de Licques,
comme nous l'avons démontré ci-deffus, VIe Degré, page 51.

3. MARIE de RECOURT, fut alliée à Robert de Nedonchel,
Sieur de Lievin, duquel Mariage font iffus : 1°. Enguerrand.
2°. Philippes, tous deux morts fans poftérité. 3°. Et Robert de
Nedonchel, dit Aigneux, Seigneur de Lievin, qui de fon Mariage
avec Demoifelle Marguerite Baudart, eut Robert de Nedonchel,
Sieur de Lievin & de Senelinghem, qui fonda 3 Obits folemnels, tant
pour lui que fon Pere & fa Mere inhumés en la Chapelle de
Notre-Dame de l'Églife, de Gonnehem, près de Chocques en
Artois, où l'on voit leur Épitaphe chargée de deux Écuffons. Le
premier, écartelé de Nedonchel & de Recourt. Le fecond, parti,

K

de Nedonchel, & parti, de Baudart, qui eſt de Gueules, à 3 epic d'argent, ſuivant l'Extrait du volume coté I. page 188, & de celui coté V. page 84 des Mémoires de feu M. *Etienne Le Peʒ*, Religieux de l'Abbaye de Saint Vaaſt à Arras, que nous avons cité en pluſieurs endroits de cette Généalogie & Mémoire précédent, pour lui ſervir de preuves. (¶)

VI. DEGRÉ.

GÉRARD de RECOURT, Seigneur de Sarton, de la Motte & de Grandcourt, épouſa une Fille de la Maiſon de Mailly, (†) que l'Auteur des Antiquités d'Amiens, en ſon Recueil des illuſtres Maiſons de Picardie, (art. Mailly, page 248) fait deſcendre de Gilles 3 de Mailly, de la Branche des Seigneurs d'Authuille & de Iſabeau de Wavrans, ſa premiere Femme; duquel Mariage il fait deſcendre & ſortir COLARD (ou) NICOLAS DE RECOURT, allié à GUILLEMETTE de BARASTRE, Fille unique, Heritiere de Philippes de Baraſtre. De ce Mariage ſont iſſus pluſieurs

___

(¶) Ces deux dernieres Alliances prouvent encore l'erreur continue des Auteurs qui ont fait mention de la Maiſon de RECOURT, & en ont confondu les différentes Branches connues ſous les Noms de RECOURT, de LENS & de LICQUES, comme nous l'avons fait voir dans le Mémoire précédent, & dans la Note page 50 : c'eſt ce qui leur a fait conſidérer auſſi l'Alliance de Chriſtophe de Recourt avec Ide ſa Couſine, dite de Lens, comme étant celle qui fit tomber la Châtellenie de Lens dans la Maiſon de Recourt. On voit la même choſe dans la Branche héritiere de la Terre de la Comté qui adopta le Nom & les Armes de Licques, pour ſe diſtinguer des autres Branches de ſa Famille.

(†) Cette ſeconde Alliance de la Maiſon de RECOURT dans la Maiſon de MAILLY, prouve de même l'erreur dans laquelle ſont tombés auſſi les différents Auteurs qui ont fait mention de cette Maiſon, en confondant la premiere Alliance de la Maiſon de Recourt dans la Branche de Mailly, alliée à la Maiſon de Soiſſons-Moreuil; & la ſeconde Alliance de cette Maiſon dans la Branche de Mailly des Seigneurs d'Autuille, qu'ils ont rapporté à la même époque, & par ce moyen, ont empêché de voir la ſéparation de la Branche des Recourt, Seigneurs de Sarton & de Baraſtre, d'avec les autres Branches de leur Maiſon. Nous ſuivrons la Filiation de cette Branche des Seigneurs de Baraſtre, d'après l'Extrait des Titres & Pieces juſtificatives qui appartiennent à cette Branche de la Maiſon de Recourt, auxquels nous joindrons la copie d'un Acte extrait des Archives & Greffe de la Ville de Bapaulme en Artois, & rapporté dans les Mémoires de M. *Le Peʒ*, vol. coté R. pag. 233. *Voyeʒ* la Note de la page ſuiv. (*)

Enfants; favoir :

1. COLARD de RECOURT qui fuit.

2. PERCEVAL de RECOURT, mort fans Poftérité.

3. ANTOINE de RECOURT, dont on ignore le nom de la Femme: il eut entre autres, 1. Jean de Recourt, Lieutenant Général au Bailliage d'Amiens, qui s'allia avec Marie de Louvel, de laquelle il n'eut point d'Enfants : fa Veuve fe remaria à Antoine de Rely, Seigneur de Rochepot en Picardie, Veuf ci-devant de Ifabeau de Raincheval, fuivant *La Morliere*, en fon Recueil des illuftres Maifons de Picardie, Art. Rely, page 321. 2. Et une Fille, nommée Peronne de Recourt, dont il eft fait mention vol. coté L, des Mémoires de M. *Le Pez*, cité ci-deffus. Elle fut alliée au Sieur de Rely, Seigneur de Rochefort, près Corbie en Picardie.

VII DEGRÉ.

COLARD (ou) NICOLAS de RECOURT, Écuyer, Seigneur de Sarton, de la Motte, de Grandcourt en partie, & de Baraftre, eft connu d'abord par un dénombrement du Fief de la Motte, (relevant de la Seigneurie de Grandcourt,) rendu avant Pâques, l'an 1459, au Seigneur d'Encre, (nommé depuis Albert,) en Picardie, & dans lequel eft fait mention d'un Droit qu'il avoit conjointement avec plufieurs Seigneurs, à caufe des Fiefs qu'ils poffédoient au terroir de Beaumont. Il eft qualifié *Noble Homme & très-honoré Seigneur*, dans un Enfaifinement obtenu le 27 Mai 1476, par les Abbé & Religieux de Saint Nicolas d'Arrouaife, d'une Donation qui leur avoit été faite par Noble Homme, Monfeigneur Louis de Luxembourg, Bâtard de Saint-Pol, Chevalier, d'un Fief & noble Tenement fitué à Rocquigny, mouvant dudit COLARD de RECOURT, à caufe de Demoifelle GUILLEMETTE de BARASTRE, fa Femme, Fille unique & Héritiere de PHILIPPES de BARASTRE; & de MARIE de FLECHIN : il eut de fon Alliance, les Enfants ci-après dénommés.

(*) Lettres de PHILIPPES, de BARASTRE Lieutenant du Gouverneur au Bailliage de Bapaulme, par lefquelles il *fait favoir que Simon de Gonnelieu*,

1. ALEXANDRE de RECOURT qui fuit.

2. ROBERT de RECOURT, ci-après.

3. CATHERINE de RECOURT qui époufa, par Contrat du 23 Octobre 1485, Jean Dupuis, Écuyer, Seigneur de Cervais, Licentié ès Loix; dans lequel Contrat eft fait mention de la délivrance à elle faite par Alexandre de Recourt, fon Frere, de fes Droits échus dans la Succeffion de feu Nicolas de Recourt, fon Pere, tant en la Terre & Seigneurie de Baraftre, qu'au Terroir de Cams, confiftants en trois Fiefs, defquels & de la moitié de la Terre de Baraftre, à partager à l'encontre dudit Alexandre de Recourt, a été fait Relief, le 15 Novembre 1502, par Antoine Macquerel, au nom & comme fondé de Procuration de ladite Demoifelle Catherine de Recourt, ayant le Bail & Gouvernement de Claude & de Barbe Dupuis, fes Enfants mineurs, defquels, après la mort de leur Mere, a été donnée la Garde noble, à Richard Dupuis, Écuyer, Sieur des Tournelles, par Sentence du Lieutenant Général au Bailliage de Ribemont, rendue le 19 Mai 1506, & du Confentement de Robert de Recourt, leur Oncle, & autres Parents.

NOTA. Du Mariage de Catherine de Recourt & de Jean Dupuis en fecondes Noces, il paroît n'y avoir eu d'autres Enfants que lefdits Claude & Barbe Dupuis; que Claude Dupuis mourut fans Enfants de fon Alliance avec Ifabeau de Habarc, Fille de Robert, fecond du Nom, Seigneur de Happlaincourt, près Bapaulme en Artois; & de Catherine de Mailly, fon Époufe, defquels étoient iffus 22 Enfants, dénommés en la Généalogie de Habarc. Ledit Robert tefta le 17 Septembre 1523. Barbe Dupuis, Époufa Valerand d'Héricourt, aux Enfants duquel paffa la Terre & Seigneurie de Baraftre.

---

dit de Beaumeʒ, & Demoifelle Jeanne de Vaux, fa Femme, pour la grande amitié qu'ils portent l'un envers l'autre, ils ont entravefti, ly un ly autre, de tous les Meubles qu'ils auront au jour du trépas l'un de l'autre; ledit Acte paffé pardevant les Hommes de Fief de Monfeigneur le Duc de Bourgogne, à caufe de fon Châtel de Bapaulme, & fcellé du Scel de Le Pierre & de Philippes de Baraftre, portant une fafce dans l'écuffon avec trois coquilles pour brifure; ce qui dénote qu'il étoit de la Maifon de Clairy (ou Clery) que l'Auteur de de l'Hiftoire du Cambrefis fait fortir d'un puîné de la Maifon de Wallincourt. Les Seigneurs de Bacquehem, qui ont fuccédé par Alliance à la Maifon de Recourt, dans la Seigneurie de Baraftre, ont confervé les mêmes Armoiries, qu'ils ont porté cantonnées dans leur Écuffon, ainfi qu'il fe voit dans l'Hiftoire du Cambrefis, Article, Bacquehem, troifieme partie, page 150.

VIII. DEGRÉ.

ALEXANDRE de RECOURT, Écuyer, Sgr de Baraftre, de Sarton, de la Motte & de Grandcourt en partie, fut Gouverneur de Ribemont; comparut & figna au Procès-verbal de rédaction de la Coutume de Bapaulme en Artois, au mois de Juillet 1509, (*Coutume générale d'Artois, art. Bapaulme.*) Il épousa Demoifelle Bonnne de Habarc, avec laquelle il vendit conjointement, par Acte du mois de Janvier l'an 1492, & ratifia en 1493, une partie de la Terre & Seigneurie de Baraftre, à Catherine de Recourt, fa Sœur, & à Jean Dupuis, Écuyer, Seigneur de Cervais, fon beau-Frere, moyennant la fomme de feize cents écus d'or, pour pourvoir (difent-ils,) à leur urgente néceffité, fpécialement pour tirer & mettre ledit Alexandre de Recourt, hors des mains & prifons des Bourguignons, éfquelles il étoit alors détenu Prifonnier de Guerre, en la Ville du Quefnoy, payer, fatisfaire & fournir la finance de fa Rançon, montant à la fomme de fept cents écus d'or; ledit Acte paffé en l'Hôtel & Domicile dudit; Alexandre de Recourt, Écuyer, féant à Sarton, au terroir de Grandcourt. Il eut de fon Mariage les Enfants ci-après nommés:

1. Hugues de Recourt, Écuyer, Seigneur en partie de Baraftre, épousa, par Contrat du 13 Mai 1533, Demoifelle Marguerite de Sacquefpée, Veuve de Bertrand de Morbays, Écuyer. Il mourut vers l'an 1557, n'ayant eu de fon Mariage, à ce qu'il paroit, qu'une Fille nommée Claire de Recourt, Chanoineffe du Chapitre Noble d'Eftrun-lès-Arras.

2. Isabeau de Recourt, Chanoineffe & Prieure de ladite Abbaye d'Eftrun, décédée vers l'an 1556.

VIII. DEGRÉ.

ROBERT de RECOURT, Écuyer, Seigneur en partie de Grandcourt, époufa Damoifelle Marie de Louverval, Veuve de Jean Pingret, Écuyer, & Fille de Jean de Louverval, par contrat du 4 Mai 1502, dans lequel eft fait mention d'ALEXANDRE de RECOURT, Seigneur de Baraftre, fon Frere, & des Droits qu'il avoit aux Terroirs de Grandcourt, de Vaudricourt, de Beaumont & de la Motte; il donna fon Dénombrement, le 12 Mars 1518, à Louis de Miraumont, Écuyer, Sgr de Miraumont, de Sombrin & de Grandcourt en partie; favoir; d'un Fief, nommé le petit Fief, où il avoit toute Juftice, moyenne & baffe. Il mourut à Cambray, le 25 Novembre 1525, & fut inhumé en l'Églife de Saint Gery. Il eut de fon Mariage avec ladite Dlle de LOUVERVAL, laquelle décéda en 1552, les Enfants ci-apres :

1. JEAN de RECOURT qui fuit.

2. JEANNETTE de RECOURT, née le 12 Octobre 1504, fut Dame en partie de Baraftre, par héritage de Hugues de Recourt, fon Coufin Germain, au préjudice de fon Frere aîné; elle époufa, par Contrat de Mariage, du 19 Mars 1522, Robert de Bacquehem, Écuyer, dont partie des Defcendants font établis en Artois, au Comté de Saint-Pol, & d'autres à Douay : de ce Mariage vint Charles de Bacquehem, qui époufa Jeanne de Bethancourt, dont eft iffu Adrien de Bacquehem, qui epoufa Philippine de Bacquehem, & eurent Barbe-Helene de Bacquehem, alliée à Antoine d'Aoufte, defquels vinrent Marie-Michelle d'Aoufte, qui époufa Charles-Jérôme du Riez, Seigneur de Villerval, & eut un Fils, dont la poftérité s'eft éteinte en la perfonne d'Alexandrine-Liévine du Riez, fa Fille, marié à André-Honoré de Mouchy, & n'eurent point d'Enfants. La Succeffion retourna aux enfants de Françoife-Gertrude du Riez, Fille du fufdit Charles-Jérôme du Riez, laquelle avoit époufé Louis-Jofeph de Mailly-Couronel, Seigneur de Velu, près Bapaulme en Artois; duquel Mariage eft iffu Charles-Oudard de Mailly-Couronel, Marquis de Mailly, député des Etats d'Artois en 1776, qui a époufé, en l'année 1749, Marie-Louife d'Armerval, Fille unique, Héritiere de Louis d'Amerval, Seigneur d'Afvillers en Picardie, & eft devenu, par Succeffion en l'année 1759, feul Propriétaire de la Terre & Seigneurie de Baraftre.

IX. DEGRÉ.

JEAN de RECOURT, IIIme du Nom de cette Branche, Écuyer, Sgr de l'Hefdin, né le 11 Avril 1509, fut Capitaine d'une Compagnie d'Ordonnance, Gouverneur & Commandant des Ville & Château de Beaurevoir, avant le 15 Mai 1548 ; il rendit au Roi Henri II. les fervices les plus importants, & ayant reçu ordre du Gouverneur de Picardie, de s'oppofer au tranfport des Vivres du Cambrefis, au Camp des Efpagnols qui affiégeoient, en 1557, la Ville de Saint - Quentin ; il fortit du Château de Beaurevoir, avec 50 Chevaux, fur l'avis qu'il avoit du paffage d'un Convoi qu'il défit entiérement, & ramena prifonniers ceux qui l'efcortoient ; il y. fut très-griévement bleffé, & les Ennemis étant parvenus enfuite à forcer la Ville de Saint - Quentin, & à s'en emparer ; voulant, à leur tour, fe venger dudit Sieur de RECOURT, allerent munis d'artillerie, le lendemain de la Reddition de la Ville, attaquer le Château de Beaurevoir qu'il commandoit, qui fut enlevé & pris de force ; JEAN de RECOURT y fut trouvé mort, foit des bleffures qu'il reçues à l'attaque & défaite du Convoi, ou de celles qu'il reçut pendant le Siège du Château ; fon Corps fut transferé & inhumé en la Paroiffe de Bohain. On voit par une Tranfaction du 1548, entre Noble Homme ROBERT de BACQUEHEM & Dlle JEANNETTE de RECOURT, fa Femme d'une part, & ledit JEAN de RECOURT, affifté de Noble Homme JOSSE MOLET, Écuyer, Sgr de Waencourt (ou) Wiencourt, fon Beau-Frere, qu'il avoit époufé Damoifelle FRANÇOISE MOLET, Fille de N. MOLET & de N. de VAULPERGHE. C'eft en vertu de cette Alliance, qu'il acquit, par Retrait lignager, l'Hôtel de Vaulperghe, à Bohain, & devint allié des Maifons d'Eftourmel & Macquerel de Quefmy, qui avoient époufé deux Filles de la Maifon de Vaulperghe. *Voyez* Hiftoire du Cambrefis, partie IIIe, & le Recueil des Maifons de Picardie, par *La Morliere*, page 188, art. Eftourmel. Ayant perdu tous fes Biens à la prife du Château de Beaurevoir, fa Veuve fe retira après sa mort (arrivée en 1557, comme est dit ci-dessus) à Erquéhéry, près de Guise. De son Mariage il eut les Enfants suivants :

1. JEAN de RECOURT qui suit.

2. MARIE de RECOURT, mariée, le 7 Janvier 1571, avec Jean Cadart, Bailly & Capitaine du Câteau Cambresis, dont une Fille épousa Jean Le Fevre, Pensionnaire de la Ville de Mons en Haynaut ; desquels est issue une Fille, alliée à Jacques de Fariot, Gouverneur de Mastricht, dont les Descendants, Seigneurs de Landy-Fay, écartelerent dans leurs Armoiries, au 2 & 3, celles de la Maison de Recourt, à cause de cette Alliance.

3. JACQUELINE de RECOURT, morte sans alliance.

4. ANNE de RECOURT, eut pour Héritier, un Valentin d'Ambrines, d'où l'on conclut qu'elle épousa quelqu'un de ce Nom.

5. CLAUDE (ou) CLAUDINE de RECOURT, dont on ignore la destinée.

NOTA. Ces deux dernieres ne vivoient plus dès le 14 Juillet 1560.

X. DEGRÉ.

JEAN de RECOURT, quatrième du Nom, Écuyer, Sgr de l'Hesdin, Capitaine, Bailli & Commandant des Villes & Châteaux de Bohain & de Beaurevoir, Lieutenant d'une Compagnie d'Ordonnance, naquit vers l'an 1533, il servit avec distinction dans les Guerres de son temps, & ne s'écarta jamais de la fidélité due à son Prince ; & étoit déja pourvu de l'état de Capitaine, Bailly & Gouverneur de Bohain en 1569. Il comparut, le 28 Avril 1574, aux États du Cambresis, en qualité de Bailli du Roi de Navarre, lors de la Rédaction de la Coutume du Cambresis. (Hist. du Cambresis, Ire partie, page 274.) Le 8 Juillet 1583, la Reine de Navarre voulant reconnoitre les bons & agréables Services qu'il lui avoit rendus, lui fit don de 18 cordes de bois & de 2000 de fagots, à prendre dans ses Domaines, pour son chauffage annuel. Le Sieur de Montluc, connu sous le Nom de Balagny,

Gouverneur

Gouverneur de Cambray, l'un des principaux Chefs de la Ligue, lui ayant fait offrir d'entrer dans son parti, le Sieur de RECOURT reçut mal cette proposition ; & ce fut là l'Époque de la persécution longtemps soutenuë, de la Maison de Montluc & de ses Alliés, contre celle de Recourt, comme on peut le justifier par plusieurs Pieces authentiques. La veille de la Saint Jean - Baptiste, il fut assiégé dans le Château de Bohain, par les Troupes de M. de Balagny, mais n'ayant pu recevoir aucuns secours, & d'ailleurs les Fortifications tombantes en ruine, il fut forcé de se rendre après la plus vigoureuse résistance, & fut conduit Prisonnier dans la Citadelle de Cambray, ayant perdu, dans cette Malheureuse attaque, non-seulement une partie de ses Biens & Meubles évalués à 10000 écus ; mais encore tous ses Papiers & Titres de Famille. (*Ce qui est prouvé par l'Enquête juridique, produite en Original, dont est fait mention dans le Mémoire précédent*). Il obtint, quelque temps, après sa liberté, par l'entremise de la Dame d'Happlaincourt, Femme du Gouverneur de la Ville de Guise ; & se rétira à Saint-Quentin, avec toute sa Famille denuée de tout secours.

Dans cette Enquête du 20 Septembre 1634, produite en Original & citée ci-devant ; l'un des Témoins dépose en effet, que depuis son élargissement, il avoit fait sa résidence principale en la Ville de S.-Quentin, où il étoit reconnu, pour brave & bon Capitaine, servant le Roi, avec chevaux & armes, comme faisoient tous les autres Seigneurs & Gentilshommes du Pays, entre autres, ceux de Saint-Simon, Caulaincourt, Marteville, Ville-Cholle & autres, avec lesquels ledit Sieur de Recourt étoit ordinairement à la suite de M. le Duc de Longueville, qui commandoit en la dite Ville de Saint-Quentin, lequel se servoit ordinairement dudit Sieur de Recourt, dans les occasions qui se présentoient d'attaquer les ennemis. Le 28 Janvier 1591, le Roi Henri le Grand voulant le récompenser des pertes qu'il avoit souffertes, à raison de son zèle & de son attachement pour sa personne, lui fit don des deux tiers de tous les Biens & Héritages appartenants aux Sieurs Becarde, Vergier & Gicourt,

L

déclarés Rebelles á S. M. Le 15 Juin 1591, Claude de Lannois, Gentilhomme Ordinaire de la Chambre du Roi, Gouverneur du Câtelet en Cambrefis, & Capitaine de 50 Chevaux-Legers pour le Service de Sa Majefté, lui accorda la jouiffance des Biens & Revenus appartenants au Sieur le Preux, dit de Belcourt, portant les armes, & étant du parti des Rebelles fous les Ordres de M. de Balagny, en dédommagement de ce que ledit Seigneur avoit donné audit le Preux, les Biens dudit Sieur de Recourt, au Terroir de Bohain. L'an 1593, ayant remontré au Duc de Longueville, Gouverneur de la Picardie, que le Sieur des Foffés, Commandant alors à Bohain, fous les Ordres de M. de Balagny, s'emparoit journellement de fes Biens, comme bon lui fembloit, & demandé qu'il lui plût en ordonner la Reftitution, » ayant été « (dit-il) fidele Serviteur & Officier de Sa Majefté ; ayant « confommé fon âge qui étoit alors de 60 ans, au Service « d'icelle, chargé alors de Femme & de 9 petits Enfants, exilé & « privé de fes Charges ainfi que de fes Biens, il y avoit tantôt cinq « ans. » Le Prince ordonna, en conféquence, le 5 de Mai de la même année, que ledit Sr de Recourt feroit remis en poffeffion de fes Biens, qu'autrement & à faute de ce faire, il lui permettoit de reprendre fur les Biens dudit Sieur des Foffés, ou autres Habitants de Bohain, autant qu'il juftifieroit lui en avoir été retenu par ledit Sieur des Foffés.

Le 15 Octobre de la même année 1593, le Roi Henri IV, voulant encore reconnoître les bons & laborieux Services qu'il avoit rendus depuis 42 années, à la Couronne ; & voulant auffi le dédommager de ce qu'en l'an 1588, il avoit été pris & pillé par fes Ennemis, au Château de Bohain, en haine de ce qu'il avoit toujours tenu fon parti ; le confirma, de nouveau, dans fon état de Capitaine & Bailli de Bohain, pour en jouir, tout ainfi qu'il avoit ci-devant fait, en vertu de Lettres & Provifions de la feue Reine, fa Mere. Le 3 de Novembre fuivant, Charles de Longueval, Chevalier, Seigneur de Creffy, Gouverneur Général du Comté de Marles & Châtellenie de la Fere - fur - Oife, Maître des Eaux & Forêts defdites Terres & Seigneuries, & Gruyer dudit Domaine, lui fit délivrer 16 pieds de Chênes & 24 cordes de bois pour fon chauffage, » & en récompenfe, dit-il, des pertes qu'il « avoit faites & faifoit tous les jours, pour le Service de Sa Majefté. » Il obtint auffi du Roi, en dédommagement, plufieurs gratifications. Enfin s'étant trouvé, l'an 1594, au Siege de Doulens en Picardie, à la tête de 30 Cavaliers volontaires & 3 de fes Enfants, il reçut plufieurs bleffures, dont il mourut l'année fuivante. Il eft dit dans l'Enquête du 7 Mai 1599 (dont il eft fait mention au commencement de ce Mémoire) qu'il avoit d'abord porté les armes fous les Ordres de M. de Piennes, & enfuite, fous M. de Prunay : il eft probable que ce furent les premiers Emplois & les premiers Grades qu'il obtint dans le Service. Ayant perdu tous fes Biens & Titres de Famille, en 1588, à la prife du Château de Bohain, comme eft ci-deffus énoncé ; il ordonna par fon Tefta-ment du 20 Octobre 1592, que dans l'Églife où il feroit enterré, on mit un petit Tableau, où feroient infcrits fes Nom & qualités ainfi que les Armoiries de fa Maifon, iffue des Seigneurs de Baraftre en Artois, dont M. d'Hericourt étoit pour lors Proprié-taire & Seigneur. Il avoit époufé, par contrat du 9 Mars 1571, FRANÇOISE D'ACHERY, Fille de PHILIPPES D'ACHERY, Écuyer, Lieutenant de M. d'Eftourmel, Gouverneur de Bohain ; & d'ANNE de BAILLEUL, Sœur de BERNARD de BAILLEUL, Doyen de la Collégiale de Saint - Quentin, tous deux proches Parents du Sieur de BAILLEUL, alors Préfident au Parlement de Paris ; elle fe maria enfuite à FRANÇOIS de FAURE, Écuyer, qui fut Commandant des Ville, Château & Forts de Bohain, pour & en l'abfence des Enfants dudit JEAN de RECOURT, employés au Service de Sa Majefté ; & eut de fon premier Mari :

1. GEORGES de RECOURT qui fuit.

2. ANTOINE de RECOURT, lequel fervit dans la Compagnie des Chevaux - Légers, commandée par Matthieu de la Simonne,

Chevalier, Seigneur de Saint-Pierre, lors du Siege du Câtelet par les Efpagnols, au mois de Juillet 1595 ; où il traverfa, lui troifieme avec fon Commandant, l'Armée des Ennemis qui inveftiffoient la Place : mais auffi en fut-il la victime ; ayant été pris & tué fur le bord du foffé. Il s'étoit trouvé, l'année précédente, au Siege de Dourlens, où fon Pere reçut plufieurs bleffures, dont il mourut peu après.

3. FRANÇOIS de RECOURT, Écuyer, fervit fous les Ordres du Sieur de Pommery, & auffi comme Volontaire, en d'autres Emplois ; il donna des preuves de fon courage dans toutes les différentes Affaires où il fe trouva, & fpécialement au fufdit Siege du Câtelet, en 1595, où il fut choifi avec Georges & Antoine, fes Freres, pour porter, dans la Place, des poudres & meches dont elle manquoit : l'*Enquête* de 1634, dit qu'on ne parloit alors que de la valeur des trois Freres, en cette occafion.

4. PIERRE de RECOURT, mort au Service & fans alliance.

5. MELCHISEDECH de RECOURT, dont il fera fait mention ci-après.

6. LOUIS de RECOURT, mort au Service & fans alliance.

7. BERTRAND de RECOURT, on ne fait fi c'eft de lui, ou de Pierre ou de Louis de Recourt, dont il eft parlé dans l'Enquête de 1634, comme ayant été auffi bleffé & fait prifonnier au Siege du Câtelet, en 1595.

8. JEAN de RECOURT, Auteur de la Branche des Seigneurs du SART, ci-après.

9. ANNE de RECOURT, Mariée 1°. avec Jean de Macquerel Écuyer, dont les Defcendants, ou Parents poffédent actuellement les Terres & Seigneuries de Parpes-la Ville & de Plein-Selves au Duché de Guife ; 2°. avec le Sieur Salomon de Ragaignes, Écuyer, Seigneur d'Efgouftelles, comme il eft prouvé par le Teftament de Françoife d'Achery, fa Mere, paffé devant *Sorel*, Notaire à Bohain, le 28 Avril 1635.

10. CHARLOTTE de RECOURT, mariée, par Contrat du 7

Mai 1613, à Médard de Chantelou, Écuyer, Seigneur de Champ-Renault : il en eſt auſſi fait mention au Teſtament de la ſuſdite Françoiſe d'Achery, ſa Mere.

XI. DEGRÉ.

GEORGES de RECOURT, Écuyer, Seigneur de l'Heſdin, fut d'abord Lieutenant de la Compagnie des Genſdarmes du Marquis de Cœuvres (depuis , Maréchal d'Eſtrées) enſuite pourvu de la Charge de Capitaine, Bailly & Commandant des Villes & Châteaux de Bohain & de Beaurevoir, après la mort de JEAN de RECOURT, ſon Pere ; mais M. de Balagny, dont on a parlé ci-devant, s'en étant emparé, il n'en eut la jouiſſance qu'après le décès de MELCHISEDECH de RECOURT, ſon Frere puîné ; il ſervit ſous les Ordres du Vicomte d'Ouchy, dont il commanda la Compagnie, dans une infinité de rencontres, où le Roi l'envoya pour ſon Service ; il ſe trouva, en 1594, avec ſon Pere, au Siege de Doulens ; fut bleſſé, dans une Affaire contre les Eſpagnols, en 1596, & en 1597, d'un coup de mouſquet qui lui rompit la Cuiſſe ; il ſervit au Siege de Juliers, l'an 1610, & en Hollande, étant alors attaché au Régiment de Cambray, & continua de ſervir juſqu'au moment qu'il reprit le Commandement de Bohain, le 30 Avril 1614. Il traita & tranſigea avec JEAN de RECOURT, ſon Frere puîné, touchant ſes Droits & Prétentions ſur la Terre & Seigneurie d'Erquéhéry, dans le Duché de Guiſe, moyennant l'abandon que celui-ci lui fit de ſes Droits & Préten-tions ſur celle de l'Heſdin & ſur le Fief de la Malmaiſon en Haynault, ainſi que de tout ce qui pouvoit lui appartenir en la Succeſſion de leur Pere ; il vendit depuis, par Acte du 6 Février 1618, la Terre & Seigneurie de l'Heſdin, à Gilles de la Hillieres, Écuyer, Sieur de Garozel, Capitaine au Régiment de Piémont, pour ſubvenir aux dépenſes & aux pertes quil avoit eſſuiées, ainſi que toute ſa Famille, dans le Service. Il fut maintenu dans ſon ancienne Nobleſſe, le 28 Mai 1599, par Ordonnance de Meſſire

Gabriel de Machault, l'un des Commiſſaires de la Cour des Aides, député par le Roi, pour le Réglement des Tailles en la Généralité de Picardie ; laquelle fut enregiſtrée le 8 Août audit an, au Greffe de la Prévôté Royale de Saint - Quentin, & d'après l'Enquête juridique qui prouve la Nobleſſe, les Services de ſa Famille & les pertes qu'elle eſſuya dans ces temps malheureux de la Guerre qui regna entre la France & l'Eſpagne. Comme tel, il fut cottiſé à la ſomme de 60 liv. pour ſa part des frais de la Députation du Vicomte d'Ouchy, par la Nobleſſe du Pays de Vermandois, aux États Généraux de France, tenus à Paris, l'an 1615 ; & reçut quittance de ladite ſomme, le 3 Juin 1616. Nous avons rapporté, dans le Mémoire précédent, la copie du Certificat en original, donné par-devant Notaires, le 14 Juillet 1618, par Charles d'Hericourt, Écuyer, Seigneur de Baraſtre & de Courcelles près Braines, dans le Pays Soiſſonnois, pour ſervir, audit Georges de Recourt , de preuve des Services de ſes Ayeux, & de ſon Extraction de la Maiſon de Recourt en Artois. Il avoit épouſé, par Contrat du 6 Mai 1598, Anne d'Hostat (ou) d'Ostat, Veuve de Pierre d'Huet, Écuyer, Seigneur du Bus ; & Fille de Jean d'Ostat, Écuyer, & d'Antoinette de Hodicq, Dame du Sart ; duquel Mariage il n'y eut qu'un Fils unique, mort ſans alliance, ainſi qu'il ſe voit par les Actes & Traités paſſés entre ladite Anne d'Ostat & Jean de Recourt, ſon Beau-Frere, à qui elle céda ſes Droits matrimoniaux, tant en la Succeſſion de Georges de Recourt, ſon Mari, qu'en l'Hérédité de Michel de Recourt, ſon Fils, & autres à elle échus en la Terre & Seigneurie du Sart ; comme il ſera juſtifié par les Actes ci-après mentionnés dans les preuves de cette Branche.

1. Michel de Recourt, mort ſans alliance.

XI. DEGRÉ.

Melchisedech de RECOURT, Écuyer, Seigneur de Neufville, cinquieme Fils de Jean, ſecond du Nom, & de Françoise d'Achery, Capitaine au Régiment de Rambures, ſervit dans les Guerres de Hollande, & ſe trouva auſſi au *Siege* de *Juliers*, en 1610 ; enſuite Capitaine, Bailli & Commandant des Villes & Châteaux de Bohain & Beaurevoir, dont il fut pourvu le 15 Juillet 1611, après la fuite de Martin de la Porte, auquel on imputoit quelques crimes & malverſations. Peu de temps après, Alphonſe de Montluc, Seigneur de Balagny, & Gabriel de Montluc, ſon Frere, dit le Chevalier de Balagny, étant à la Fere, auprès de M. de Vendoſme, leur Couſin ; ſe rendirent à Bohain, pour tâcher d'attirer Melchisedech de Recourt dans leur parti & les intérêts des Princes retirés de la Cour, ce qu'il refuſa conſtamment, & dès-lors ils réſolurent ſa perte. Le Roi étant en Béarn, en 1620, il reçut Ordre de s'y rendre avec ſa Compagnie ; pendant ſon abſence, M. de Balagny s'empara de ſon Gouvernement, il y fut rétabli par Ordre de Sa Majeſté ; mais du 10 au 12 Juin 1621, Melchisedech de Recourt, toujours fidele à ſon Prince, ainſi que ſa Famille, fut aſſaſſiné de pluſieurs coups d'Arquebuſe, par les Rebelles du parti de M. de Balagny ; Jean de Recourt, ſon Frere porta ſa plainte au Parlement ; obtint Commiſſion pour faire informer. Le Parlement décréta de priſe de corps leſdits Sieurs de Montluc de Balagny, qui firent évoquer l'Affaire au Conſeil, où ils obtinrent un Arrêt de défenſe, malgré la juſtice de la Cauſe, & la protection l'emporta. MM. les Maréchaux de France furent informés de l'Affaire, en prirent connoiſſance, obligerent les Parties de produire leurs moyens de défenſe, & finalement, l'Affaire en reſta là : il ne put avoir raiſon de cet attentat, vu le trop grand crédit de la Maiſon de Balagny qui étoit alliée aux premiers Segneurs de la Cour. Melchisedech de Recourt avoit épouſé Demoiſelle Charlotte de Chantelou, ainſi qu'il appert par une Donation, faite le 18 Avril 1626, de la ſomme de 3000 livres, par Jean de Recourt, ſon Frere, au profit de ſes Enfants mineurs, dont la Veuve fut élue Tutrice. De ſon Mariage vinrent les Enfants ci-après :

1. Jean de Recourt, mort ſans alliance.

2. ANNE de RECOURT, Religieuse à l'Hôtel-Dieu de Laon.

3. MAGDELEINE de RECOURT, dont on ignore la deftinée.

XI. DEGRÉ.

JEAN de RECOURT, cinquième du Nom, Chevalier, Seigneur du Sart, huitieme Fils de JEAN IV, & de FRANÇOISE d'ACHERY, acquit d'ANNE d'OSTAT, fa Belle-Sœur, Veuve de GEORGES de RECOURT, fon Frere ainé, la Terre & Seigneurie du Sart, par Acte paffé le 22 Avril 1626, devant *Tronffon* & *Dauvergne*, Notaires au Châtelet de Paris ; il poffédoit déja une partie de celle d'Erquéhéry, au Duché de Guife, ainfi qu'il fe voit au Traité paffé entre lui & GEORGES de RECOURT, fon Frere. Il fut fucceffivement Lieutenant-Colonel du Régiment de Piedmont, Colonel d'un Régiment, & Lieutenant Général des Troupes Françoifes envoyées fous les Ordres de M. le Duc de Candale, au fecours de la Séréniffime République de Venife. Le Roi le fit Chevalier de fon Ordre ; lui accorda le Commandement de Maubert-Fontaine, & lui fit donner des Lettres & Provifions de Maître-d'Hôtel Ordinaire de fa Maifon ; & fut auffi Capitaine des Chaffes du Vermandois. Il commença de fervir, en 1602, dans le Régiment de Piedmont ; eut ordre du Roi Henri IV, en 1609, de faire un Voyage relatif à des affaires importantes pour fon Service ; Commiffion dont il s'acquitta avec fuccès ; fe trouva au Siege de Juliers, en 1610 ; fuivit le Roi en fon Voyage de Guyenne ; s'attacha enfuite au Duc de Candale, qui lui donna une Enfeigne dans fa Compagnie de Gendarmes, & l'en fit Lieutenant, en 1616 ; ce fut en cette qualité, qu'ayant fait rencontre des Troupes du Duc de Vendôme, il donna, dans cette occafion, des preuves de valeur. Chargé par le Roi Louis XIII, de mettre fur pied une Compagnie, il alla joindre l'Armée commandée par le Duc d'Angoulême, & reçut de nouveaux ordres de conduire fa Compagnie en Champagne, où le Marquis de Praslin, Maréchal de Camps, affembloit une Armée pour s'oppofer aux Entreprifes

du

des Ducs de Névers, de Mayenne & de Bouillon.

Ce fut là que JEAN de RECOURT, campé près de Marles en Thiérache, avec fa Compagnie, furpris & attaqué par les Troupes du Duc de Vendofme & autres Princes ligués, fut bleffé, & conduit prifonnier à la Fere, où on le traita, non en prifonnier de Guerre, mais en criminel ; il fut jetté dans un dongeon, où il demeura l'efpace de trois mois, fouffrant beaucoup des vexations des Ennemis de l'État, & des Partifans de la Maifon de Balagny. Elles ne firent qu'augmenter fon zele pour le Service de fon Prince, & il en fut récompenfé, le 18 Août 1622, par Louis XIII, qui lui fit don des Biens appartenants au Sieur de Portus, Lieutenant au Gouvernement de Guife, que Sa Majefté avoit confifqués pour caufe de forfaiture : & pour le dédommager encore de la dépenfe qu'il avoit faite à la conduite des Gendarmes du Duc de Candale. Le même Monarque lui fit auffi don de tous les Biens de la Succeffion de feu Meffire Nicolas de Salcede, Baron d'Ovillars, qui lui appartenoient par Droit d'Aubaine ; il fervit encore en Hollande, en 1624, au fecours de Breda ; fut fait premier Capitaine d'un Régiment d'Infanterie que le Roi fit lever, à cette occafion, fous le Commandement du Duc de Candale. Ce Duc, reconnu Général d'un Régiment de 1600 Fantaffins François levés le 11 Mai 1625, par la République de Venife, & confirmé dans cette Commiffion, par Jean Cornelio, Doge de ladite République, nomma, par Lettres du 3 Août de la même année, JEAN de RECOURT, Colonel de fon Régiment, & Lieutenant Général des Troupes Françoifes au Service de cette République. Il y fervit jufqu'en 1627, que la Guerre de la Valteline fut terminée par un Traité de paix ; & fervit encore, au Siege de la Rochelle, en qualité d'Aide de Camps de Sa Majefté. Le 28 Octobre 1629, il fut nommé Chevalier de l'Ordre du Roi, temps où cet Ordre étoit compofé de Gens qualifiés, jouiffants d'une grande confidération.

Le 26 Septembre 1630, il obtint la Lieutenance du Roi au

M

Gouvernement de la Feré en Picardie, fur la démiſſion, en ſa faveur, de François de Choiſy, Écuyer, Seigneur d'Eſpierres, Capitaine d'Infanterie, charge qu'il vendit peu après, pour accompagner, en 1632, le Roi à ſon Voyage de Picardie & de Lorraine. Il continua de ſervir dans l'Armée commandée par M. d'Hauterive, envoyée pour favoriſer les deſſeins de pluſieurs Princes & Seigneurs des Pays-Bas, qui promettoient de remettre au Roi, les Places d'Arras, de Bouchain & d'Aveſnes; il étoit encore à la ſuite de Sa Majeſté, en 1633, & ſervit l'année ſuivante en Picardie. Il fut fait Conſeiller, Maître-d'Hôtel du Roi, le 2 Octobre 1634, & nommé Commandant des Ville & Château de Maubert-Fontaine, le 25 Février 1635. Le 6 de Septembre de ladite année, le Roi lui accorda de nouvelles Lettres d'État, pour ſuſpendre, en ſon abſence, toutes les procédures qu'il avoit à ſoutenir contre Meſſire René de Laval, Marquis de Nesle, & M. de Balagny, ſon Beau-Frere : il étoit alors employé avec M. de Rambures, dans l'Armée de Picardie commandée par le Duc de Chaulnes. Il fut bleſſé, le 15 Juillet 1636, dans une Affaire arrivée en ſon Village du Sart, où il s'oppoſa avec ſes Habitants, pluſieurs de ſes Amis & cent hommes du Régiment de la Marine que lui avoit envoyé le Comte de Soiſſons, au paſſage de l'Armée Eſpagnole, ſur la Riviere de Serre. Les Ennemis, pour ſe venger de ſa réſiſtance, mirent le feu au Village du Sart; ſes Granges, Étables & Beſtiaux furent conſommés, il y perdit plus de 50 Chevaux de ſervice, & un Haras qu'il tenoit en ſa Maiſon. Le 2 Octobre de la même année, le Roi le choiſit encore pour ſon Aide de Camps, pour ſe transporter en diligence le long des frontieres de Picardie & de Champagne, depuis Ribemont juſqu'à Neufchâtel & Mézieres, pour avertir tous les Gouverneurs & autres Commandants, de ſe tenir ſur leurs gardes, & d'ordonner de la part de Sa Majeſté, à la Nobleſſe, de s'armer & de s'aſſembler promptement pour garder & défendre les Paſſages : il en obtint, le 1er Mai 1637, la permiſſion de prendre cinquante Chênes dans la Forêt de Coucy, pour réparer les Ponts du Village du Sart, & reconstruire les Bâtiments de sa Basse-Cour, entiérement brûlés par les Ennemis ; & les Habitants obtinrent, à sa sollicitation, une exemption de toutes impositions Royales, pendant cinq années, accordée par Arrêt du Conseil du 31 Mars 1638.

JEAN de RECOURT servit encore en 1637, avec M. de Rambures, à l'investissement de Landrecy & de la Capelle, auquel il contribua beaucoup ; se trouva au Siege du Câtelet, en 1638 ; servit, les années 1639 & 1640, dans les Armées auxiliaires qui étoient aux environs de Guise & de la Capelle ; fut chargé, en 1639, par le Cardinal de Richelieu, d'aller visiter toutes les Places des frontières de Picardie & de Champagne, & de sonder les Gués des Rivieres, pour empêcher les courses des Ennemis ; servit, en 1641, dans l'Armée commandée par le Maréchal de Châtillon, en Champagne ; en 1643, dans celle du Comte d'Harcourt, tant en Laonois, Thiérache & Picardie, qu'au Pays reconquis ; & dans celle qui étoit aux environs de Guise & de la Capelle ; en 1644, dans celle du Duc d'Elbœuf : les années suivantes, dans les Armées en Picardie, & le long de la frontiere, jusqu'en 1650 ; & dans l'Armée du Maréchal Duplessis-Praslin qui fit lever le Siege de Guise ; il se rendit très-utile par ses Conseils, dans cette occasion, pour s'opposer au passage des convois de la grande Armée ennemie. Ce fut en cette année, que son Château du Sart & son Village peu éloignés de l'Armée des Ennemis, essuierent encore des dégâts considérables ; il servit aussi, en 1651, sous les Ordres du Maréchal d'Hocquincourt, Commandant en Catalogne, & reçut ordre, en 1652, de s'y rendre pour y faire les fonctions de Maréchal-de-Camps, d'Intendant & de Commissaire Général de l'Armée. Ce fut sur cet Exposé de ses Services pendant cinquante années consécutives sous les Rois Henri IV, Louis XIII, Louis XIV, que le Maréchal d'Hocquincourt lui accorda sur un Placet du 10 Octobre 1653, la faculté & le privilege de retraire tels Biens patrimoniaux du Domaine de la Couronne d'Espagne, conquis

par la France, vendus, échangés, engagés ou aliénés à tels particuliers que ce fut, privilégiés ou non privilégiés. Mais la paix
qui survint, empêcha l'effet de la concession faite par le Maréchal
d'Hocquincourt. Il avoit épousé, par Contrat du 17 Septembre
1628, Louise Poulet, Fille de Pierre Poulet, Écuyer, Sg^r
de Cambron, de Chevennes, de Malpeine & de Saint-Germain,
Conseiller du Roi, premier Président & Lieutenant Général au
Siege Royal du Vermandois à Laon, & de D^{lle} Paule Jabin.
Elle étoit morte dès 1651 ; & son Mari eut la Garde noble de ses
Enfants, par Lettres du 19 Décembre de la même année. De ce
ce Mariage sont issus :

1. Pierre de Recourt, employé au Service de Sa Majesté.
Il fut la victime de la haine de quelques Grands contre la Maison
de Recourt, & fut assassiné, le 2 Juillet 1656, dans le Hameau du
Travers, contigu au Parc du Château de la Fere : l'Affaire fut évoquée
au Parlement, & renvoyée pardevant les Juges Royaux à Laon,
desquels intervint la Sentence du 23 Octobre 1657. Mais la
protection en empêcha l'exécution.

2. Jacques de Recourt, employé au Service de S. M.
eut le malheur d'être blessé dans la même Affaire, & mourut peu
après sans alliance

3. N. de Recourt, mort en bas âge.

4. François de Recourt qui suit.

5. Marie de Recourt, épousa, par Contrat du 19 Juin
1661, N. de Vieil-Châtel, Chevalier, Seigneur de Mardilly, du
Fretis & d'Hemévillers en Beauvoisis, Fils de Jean de Vieil-Châtel,
Chevalier, Seigneur de Montalan, Pison, la Motte Vernois, Saint-
Jacques & Savigny, Gouverneur de Bar-le-Duc & du Barrois,
Commandant de la première Compagnie des Mousquetaires du Roi,
Conseiller, Maître-d'Hôtel & Gentilhomme Ordinaire de la Maison
de Sa Majesté ; & de Suzanne de Belly.

6. Claude-Paule de Recourt, Religieuse au Couvent de
la Congrégation, à Laon, morte le 1 Octobre 1681, âgée de 49 ans.

Enfin après cinquante années de Services, continuels & confé-
cutifs, comme nous avons démontré ci-deſſus, & âgé de plus
de quatre-vingts ans ; il teſta, le 18 Juillet 1662, par Acte paſſé
pardevant *Demas* & *Raveneau*, Notaires au Châtelet de Paris ;
inſtitua FRANÇOIS de RECOURT, le ſeul Fils qui lui reſtoit, Donataire
& Légataire univerſel de ſes Biens, de la Terre & Seigneurie du Sart,
à la charge, toutesfois, de payer à MARIE de RECOURT, ſa Sœur,
alors mariée, la ſomme de 30000 livres, pour les Droits qu'elle
pouvoit avoir en ſa Succeſſion. Élut ſa Sépulture en l'Égliſe de
Notre-Dame du Sart, & mourut peu après. En lui s'éteignirent
les perſécutions que la Maiſon de Balagny & ſes Alliés firent
eſſuyer pendant près d'un ſiecle, à cette Branche de Recourt.

XII. DEGRÉ.

FRANÇOIS de RECOURT, Chevalier, Seigneur du
Sart, de Chevennes, & d'Erquéhéry, en partie ; naquit le 15
Avril 1648, ſuivant des Mémoires écrits de ſa main ; & ne fut tenu
ſur les Fonts de Baptême, qu'à l'âge de 11 ans, par FRANÇOIS de
RECOURT, Baron de Recourt, Châtelain de Lens & Sgr de Camblain,
ſon Parent, & par Madame la Maréchale d'HOCQUINCOURT,
repréſentés par le Seigneur & la Dame de Suzy ; il ſuccéda à ſon
Pere, dans la Charge de Capitaine des Chaſſes du Vermandois,
dont il fut pourvu en 1665 ; & obtint, le 25 Juin 1668, un
Certificat du Marquis de Geſvres, Capitaine d'une des quatre
Compagnies des Gardes du Corps de Sa Majeſté ; par lequel il
appert qu'il y avoit ſervi deux ans, en qualité de Cadet, & qu'il
y avoit donné, dans toutes les occaſions qui s'étoient préſentées,
des marques de ſa valeur, particuliérement à la derniere Campagne
de Flandres, en l'année 1667. Le 21 Novembre 1674, le Maréchal
de Crecquy lui en donna un autre, portant, qu'en qualité de
Gentilhomme du Vermandois, il avoit bien & fidelement ſervi le
Roi, pendant le temps de l'Arriere-ban. Enfin, MM. Larcher,
Marquis d'Olizy, & Auguſtin d'Ausbourg, Marquis de la Bove,

l'un & l'autre commandants l'Efcadron de la Nobleffe de l'Isle de
France, lui en donnerent encore deux, en date des 23 Septembre
1669, & 15 Octobre 1692, pour fes Services dans l'Arriere-ban.
Il avoit été maintenu, en fon ancienne Nobleffe, par Jugement
de M. Dorieu, Intendant de la Généralité de Soiffons, lors de
la Recherche de 1668, & le fut encore, en 1700, par M. Samfon,
Intendant de ladite Généralité. Il avoit époufé, par Contrat du
6 Janvier 1688, Demoifelle ANNE-GENEVIEVE le CARLIER, née
le 17 Mai 1661, & Fille de CHARLES, Écuyer, Sieur de Fiennes,
& d'ANNE-GABRIELLE BELLOTTE. De fon Mariage font iffus :

1. JEAN de RECOURT qui fuit.

2. CHARLES de RECOURT, Chevalier, Seigneur de
Chevennes & de Vesle près de Marles en Thiérache, né le 24
Juin 1697; marié, le 4 Octobre 1729, à Jeanne-Françoife-
Jofephine Mallet, Fille de Chrétien Mallet, Écuyer, & de
Chrétienne Mallet, fon Époufe, natifs de Cambray, de laquelle il
eut pour Enfants : 1°. QUENTIN-TOUSSAINT de RECOURT, né le 31
Décembre 1734, & mort en bas âge. 2°. GENEVIEVE-FRAçoise
de RECOURT, Dame de Vesle, & de Chevennes ; née le 19
Décembre 1731 ; mariée, au mois de Juillet 1776, à N. de
Valicourt, Chevalier, né à Cambray.

3. MARIE-CHARLOTTE de RECOURT, née le 26 Septembre 1694 ; fut mariée, en Avril 1713, à Philippes-Florimond
de Flavigny, Chevalier, Seigneur de Liez, Meftre de Camp de
Cavalerie, Lieutenant-Commandant des Grenadiers à Cheval, &
Chevalier de l'Ordre de Saint Louis. Elle mourut le 12 Novembre
1714, laiffant Marie-Françoife-Genevieve de Flavigny, née le
17 Février 1714, Prieure des Dames-Religieufes aux Filles-Dieu
de l'Ordre de Fontevrault à Paris, en l'année 1780.

4. MARIE-ANNE-GENEVIEVE de RECOURT, née le 6
Avril 1701 ; époufa, par Contrat du 10 Juillet 1724, Alexandre
de Signieres, Chevalier, Seigneur de Rogny, Lugny & autres
Lieux. De ce Mariage font iffus deux Garçons, dont l'un mort

en bas âge, & l'autre épousa Demoiselle N. Chocquart, Dame d'Erlon & de Pouilly; & encore plusieurs Filles.

5. NICOLLE-LOUISE de RECOURT, née le 1 Octobre 1702, fut mariée, par Contrat du 28 Janvier 1725, à Louis d'Amerval, Chevalier, Baron d'Happlaincourt près de Péronne en Picardie, Lieutenant de Dragons au Régmiment du Mestre de Camp-Général. De ce Mariage sont issus sept Enfants, dont l'un, Capitaine au Régiment de Guise, Infanterie, Chevalier de l'Ordre Royal & Militaire de Saint Louis; épousa, en 1759, N. de Formanoir, de Picardie, décédée sans Enfants, la même année. Il se maria, en secondes Noces, à Demoiselle N. d'Origny, de Saint-Quentin, dont sont issus plusieurs Enfants; l'autre, mort au Service, sans alliance; & cinq Filles, dont l'Aînée, dite Mademoiselle d'Amerval; fut Religieuse au Couvent de Wareville, près Crépy en Valois; deux autres, Chanoinesses de la Noble Abbaye d'Estrun-lès-Arras; deux autres Demoiselles, restées sans alliance, & retirées à Péronne.

XIII. DEGRÉ.

JEAN de RECOURT, quatrieme du Nom, Chevalier, Seigneur du Sart, né le 14 Janvier 1696; servoit en qualité d'Enseigne dans le Régiment de Saint-Germain-Beaupré, en 1710; puis servit en qualité de Lieutenant au Régiment du Colonel-Général-Dragons; fut nommé, le 23 Novembre 1765, Député pour la Noblesse du Laonois, & en cette qualité, invité, le 30 dudit mois, à l'Assemblée convoquée pour la Nomination des Notables de la Ville de Laon. Il mourut le 31 Décembre 1770; & fut inhumé en l'Église de Saint Pierre-le-Vieux de ladite Ville. Il avoit épousé, par Contrat du 26 Février 1726, Demoiselle MARIE-CHARLOTTE ROLAND, Fille de GÉRARD ROLAND, Écuyer, Seigneur de Sorbon, Vicomte d'Arcy-le-Ponsart, Conseiller, premier Président des Trésoriers de France en la Généralité de Champagne, & de Demoiselle ANTOINETTE BRANCHE. Il eut de son Mariage:

1. JEAN-ANTOINE-FRANÇOIS de RECOURT, né le 30 Janvier 1728, mort âgé de 12 ans.

2. LOUIS de RECOURT, né le 30 Janvier 1730, fait Lieutenant en second dans le Régiment de Guife, le 10 Juin 1743 ; Enfeigne de la Compagnie-Colonel, le 1er Août fuivant ; puis Capitaine au Régiment d'Efcars, incorporé dans Cambis, en 1748. Il mourut fans alliance, le 4 Novembre 1751 ; & fut inhumé en l'Églife Paroiffiale de Chereft près Laon.

2. JEAN-CLAUDE-ALEXANDRE-LOUIS de RECOURT, Jumeau du précédent, mort l'année de fa Naiffance.

3. LOUIS-JEAN-FRANÇOIS de RECOURT, né le 24 Février 1732 ; fut fait Lieutenant en second dans le Régiment de Guife, le 14 Juin 1745, & Enfeigne le 28 Décembre fuivant ; il fut tué à l'Affaire qui fe paffa le 17 Juillet 1747, au Col de l'Affiette près de Feneftrele en Piedmont, où fon Régiment fut prefque détruit.

4. PIERRE-FLORIMOND-CHARLES-JOSEPH de RECOURT qui fuit.

5. ANTOINE-FRANÇOIS-NICOLAS de RECOURT, ci-après.

6. MARIE-ANNE-GÉRARDE-FRANÇOISE de RECOURT, née le 24 Décembre 1726 ; mariée, par Contrat du 20 Septembre 1752, à Claude-Jofeph de Renty, Chevalier, Sgr en Partie de Bois-lès-Pargny, Chevalier de Saint Louis, ancien Capitaine au Régiment de Penthievre, Infanterie: duquel Mariage font iffus deux Gârçons ; l'Aîné, actuellement Lieutenant au Régiment Royal-Picardie, Cavalerie ; & le Cadet, fervant au Régiment de Gatinois, actuellement employé aux Isles, pour le Service de Sa Majefté ; & deux Filles, dont l'une fans alliance, & l'autre Religieufe.

7. MAGDELEINE-CHARLOTE de RECOURT, née le 23 Juillet 1737, mariée, par Contrat du 11 Novembre 1771, avec Charles de Bologne, Chevalier, Seigneur en partie d'Auberives en Royan, Diocèfe de Grenoble, Chevalier de l'Ordre de Saint Louis, Capitaine au Régiment de Metz, du Corps Royal d'Artillerie,

lerie, décédé à Dijon, le 12 Novembre 1772 ; duquel Mariage est issue Demoiselle Charlotte de Bologne, retirée avec sa Mere au Pays de son Pere, en Dauphiné.

9. MARIE-JEANNE-REMIE de RECOURT, née le 19 Août 1739, restée sans alliance.

XIV. DEGRÉ.

PIERRE-FLORIMOND-CHARLES-JOSEPH de RECOURT, Chevalier, Seigneur du Sart, par Donation de son Pere, du 10 Novembre 1767, naquit le 28 Janvier 1734. Il épousa, par Contrat du 10 Juin 1764, Demoiselle ANTOINETTE FREMYN, Fille de LOUIS FREMYN, Chevalier, Seigneur de l'Estang, & de Dame MARIE-THÉRESE MAILLEFERT : la Célébration de son Mariage fut faite en l'Église de Saint Hilaire de Reims. Il décéda le 26 Septembre 1780, laissant de son Mariage, 5 Enfants mineurs, dont les Tutelle & Curatelle furent accordées à ladite Dame leur Mere, & à ANTOINE-FRANÇOIS-NICOLAS de RECOURT, leur Oncle, en assemblée & par avis de Parents & Amis, en présence du Lieutenant Général au Bailliage & Présidial de Laon, le 24 de Novembre suivant.

1. JEAN-JOSEPH de RECOURT, Chevalier, né au Sart, le 20 Juin 1765, servant actuellement en qualité de Sous-Lieutenant au Régiment de Chatres, Dragons.

2. ANTOINE-FLORIMOND de RECOURT, né à Reims, le 16 Juillet 1768, baptisé en l'Église de Saint Hilaire, de ladite Ville.

3. PIERRE-REMI-JOSEPH de RECOURT, né au Sart, le 5 Mai 1770.

4. MICHEL de RECOURT, né au Sart, le 19 Août 1773.

5. MARIE-ANTOINETTE-CHARLOTTE de RECOURT, née au Sart, le 8 Septembre 1766.

N

XIV. DEGRÉ.

ANTOINE-FRANÇOIS-NICOLAS de RECOURT, Chevalier, Seigneur en partie de Bruyeres & de Chereft, né le 12 Avril 1735, Frere puîné du Précédent, fervit depuis l'année 1750, jufqu'en 1755, dans le Corps Royal d'Artillerie réfident à la Fere; paffa enfuite plufieurs années à voyager dans les Pays Étrangers, tant en Angleterre, qu'aux Isles fous le Vent, en Amérique, dont il revint en paffant par le Dannemarck & la Hollande; il fe rendit en France, vers la fin de l'année 1759; Tranfigea avec fes Freres & Sœurs, par Actes du 19 Décembre 1761, & 18 Février 1765, pour des parties de Biens provenants de la Succeffion de la fufdite Dame ROLAND, leur Mere commune, & depuis en 1771, par Acte paffé pardevant *Maugras*, Notaire à Laon, de plufieurs autres parties provenantes de celle de feu JEAN de RECOURT, Chevalier, Seigneur du Sart, leur Pere; ratifia, en ladite année, la Donation de la Terre & Seigneurie du Sart, faite au profit de fon Frere, par Acte du 10 Novembre 1767. Il reprit, comme fes Ancêtres, le Lambel dans fes Armoiries, pour fe diftinguer, lui & fes Defcendants, de la Branche de fon Frere aîné, qui eft refté dans la Terre du Sart. Il époufa, par Contract paffé pardevant *Michaut*, Notaire à Reims, le 15 Avril 1769, Demoifelle ANNE-MARIE-THÉRÈSE FREMYN, Sœur de la Femme de PIERRE-FLORIMOND-CHARLES-JOSEPH de RECOURT, fon Frere aîné; & dès ce moment, établit fon Domicile à Reims en Champagne. De fon Mariage font iffus :

1. JEAN-ANTOINE de RECOURT, né le 28 Février 1770, fut baptifé en l'Églife de Saint Hilaire, à Reims.

2. FRANÇOIS de RECOURT, né le 9 Décembre 1772, fut baptifé en l'Églife de Saint Hilaire, à Reims.

3. AMÉLIE-AUGUSTE-CHARLOTTE de RECOURT, née le 6 Juin 1782, & fut baptifée le 8 dudit mois, en l'Églife de Saint Hilaire, à Reims.

FIN.

Notes particulieres fur la Branche des Seigneurs de BARASTRE.

Il *a été démontré dans le Mémoire précédent & dans la Généalogie de la Maifon de RECOURT, le rapport & la liaifon qui fe trouvent entre les différentes Branches de cette Maifon, & particuliérement à l'égard de celle qui fut alliée à l'Héritiere de BARASTRE. Si le défaut de Titres antérieurs à cette Alliance, nous a empêché d'en fixer l'Époque avec certitude; il paroît du moins probable, que la féparation de cette Branche ne s'est faite que vers l'an 1420. Plufieurs Auteurs ont prétendu que, du Mariage de JEAN de RECOURT, dit de Lens, & de MARIE d'ENNE, Fille de Jean d'Enne, Seigneur du Cauroy, de Sarton & de l'Ecaille, vivant l'an 1396, il n'en étoient iffues que deux Filles, dont l'aînée époufa CHRISTOPHE de RECOURT qui étoit Fils de FRANÇOIS de RECOURT, qui époufa l'Héritiere de la Baronnie de Licques (Voyez page 49 ci-deffus.) & l'autre, alliée à Robert de Nedonchel (mentionné page 73 de cette Généalogie). L'Obfervation que nous avons faite, page 27 du Mémoire précédent, à l'égard de la tranfmiffion des Terres de Sarton & de Grandcourt, de la Maifon d'Enne, dans celle de Recourt; fans détruire l'Opinion de ces Auteurs, fur le nombre & la qualité des Enfants iffus du Mariage de JEAN de RECOURT & de MARIE d'ENNE, confirme celle où nous fommes, que c'eft de cette Branche feule, que defcendent les Seigneurs de Baraftre. Il arriveroit cependant, que fi il n'y avoit eu que des Filles de ce Mariage, alors la Branche des Seigneurs de Baraftre en defcendroient feulement auffi par Femmes. En ce cas, l'Alliance de CHRISTOPHE de RECOURT, avec IDE de RECOURT, dite de Lens, fa Parente, Héritiere des Terres de Sarton & de Grandcourt qui font paffées depuis dans la Branche des Seigneurs de Baraftre, dénoteroit certainement qu'il feroit l'Auteur de cette Branche, & qu'il feroit lui-même le Pere de Gerard de Recourt, & non pas Jean de Recourt, dit de Lens, allié à Marie d'Enne, comme nous l'avons dit au commencement de la Généalogie de cette Branche. Ainfi fans réfuter l'Opinion des différents Auteurs qui ont prétendu que du Mariage de Jean de Recourt, dit de Lens, & de Marie d'Enne, ils n'en étoient iffues que deux Filles; on voit qu'il n'en réfulteroit pas moins de rapport & de liaifon, entre la*

Branche des Seigneurs de Baraſtre & les autres Branches de la
Maiſon de Recourt, puiſqu'ils deſcendroient directement de
CHRISTOPHE de RECOURT : que cela ne changeroit, en aucune
maniere, l'Ordre établi pour la Filiation de cette Branche, depuis
GERARD de RECOURT ; augmenteroit, ſeulement d'un degré, cette
Branche ; & feroit connoître alors la premiere ſéparation des
Branches iſſues des Barons de Licques, quoique nous en ayons dit
à l'art dudit Chriſtophe de Recourt ; n'ayant rien trouvé de certain
à l'égard de ſa poſtérité. D'après la tranſmiſſion des Seigneuries de
Sarton & de Grandcourt, paſſées de la Maiſon d'Enne, dans celle
de Recourt ; le Mariage de Chriſtophe de Recourt avec Ide de
Recourt, dite de Lens, ſa Couſine, Fille de Jean de Recourt & de
Marie d'Enne ; & la Succeſſion enſuite des Terres de Sarton & de
Grandcourt dans la Branche des Seigneurs de Baraſtre ; on pourroit
donc préſumer & croire que ledit CHRISTOPHE de RECOURT eſt lui-
même l'Auteur de cette Branche : & ſi nous avons dit quelque choſe
de contraire à cela, dans le commencement de la Généalogie de
cette Branche, c'eſt qu'à cet égard même nous avions ſuivi
l'Opinion de quelques Auteurs. Mais comme on ne veut rien avancer
qui ne ſoit ſcrupuleuſement conforme à la vérité ; nous renvoyons à
la ſeconde partie du Mémoire précédent, pour prouver le rapport de
la Branche des Seigneurs de Baraſtre, avec les autres Branches de la
Maiſon de Recourt ; & quant à la Filiation des Seigneurs de
Baraſtre, juſqu'aux Seigneurs actuels de la Terre du Sart, nous la
juſtifierons par les preuves authentiques ci-après rapportées.

EXTRAITS DES TITRES

Qui servent de Preuves pour justifier la Filiation des Seigneurs
DU SART, *depuis l'Alliance de la Maison* DE RECOURT *en*
Artois, avec celle DE BARASTRE.

[1476.] DESSAISINE & Saisine accordée par Nicaise Laguiller, Lieutenant du Bailli & Garde de la Justice de Barastre, pour Noble Homme & très-honoré Seigneur COLARD de RECOURT, Écuyer, Seigneur de Sarton & de Barastre, à cause & comme Mari & Bail de Demoiselle Guillemette de Barastre, sa femme, de la Donation faite par Monseigneur Louis de Luxembourg, dit le Bâtard de Saint-Pol, Chevalier, au profit des Religieux de S. Nicolas d'Arrouaise, d'un Fief & noble Tenement situé à Rocquigny, relevant de ladite Terre de Barastre, scellée des Hommes de Fiefs de la Justice de Barastre, le 27 Mai 1476 ; Collationnée par Grenier & Taillandier, Notaires Royaux d'Artois, le 8 mai 1760.

[1485.] Contrat de Mariage de CATHERINE de RECOURT, Fille de Nicolas de Recourt, avec Jean Dupuis, Écuyer, Seigneur de Cervais ; dans lequel Contrat est fait mention des Droits à elle appartenants dans la Seigneurie de Barastre, & échus par la mort dudit feu Nicolas de Recourt, son Pere, pour lesquels ALEXANDRE de RECOURT lui cede ses Droits, au Terroir de Cams, consistants en trois Fiefs : & des autres Droits matrimoniaux qui lui appartiendront, arrivant le décès dudit Jean Dupuis, son Mari, daté du 23 Décembre 1485 ; & Collationné par Joly & Sorel, Notaires Royaux de la Prévôté de Saint-Quentin, résidents à Bohain, le 8 Août 1618.

[1492.] Vente d'une partie de la Terre & Seigneurie de Barastre, par Demoiselle BONNE de HABARCQ, fondée de la Procuration d'ALEXANDRE de RECOURT, Seigneur de Barastre, son Mari, à Demoiselle CATHERINE de RECOURT, sa Belle-Sœur, & JEAN DUPUIS, Écuyer, Seigneur de Cervais,

son Mari, pour subvenir à leur nécessité, & spécialement pour payer la Rançon, montant à sept cents écus d'or, dudit Alexandre de Recourt, détenu Prisonnier de Guerre en la Ville du Quesnoy, datée du 24 Janvier 1492, & scellée ledit jour; Collationnée par Taillandier & Grenier, Notaires Royaux d'Artois, résidents à Arras, le huitieme jour de Mai 1760.

[1502.] Relief de la Terre & Seigneurie de Baraftre, pour CLAUDE DUPUIS, au Bailli de la Terre & Seigneurie de Beaumez, par Antoine Macquerel, fondé de Pouvoirs de Demoiselle Catherine de Recourt, Veuve de Jean Dupuis, tant en son nom qu'en celui de Claude Dupuis, son Fils, Seigneur pour moitié de ladite Terre & Seigneurie de Baraftre, à partager avec ledit Alexandre de Recourt, son Frere, daté & scellé du 25 Novembre 1502; Collationné par Joly & Sorel, Notaires Royaux de la Prévôté de Saint-Quentin, résidents à Bohain, le 8 Août 1618.

[1502.] Contrat de Mariage de ROBERT de RECOURT, Écuyer, Seigneur de Grandcourt en partie; d'une part, & Demoiselle Marie de Louverval, Veuve de feu Jean Pingret, Écuyer, d'autre part; auquel Acte est fait mention des Droits qu'il avoit ès Terroirs de Grandcout, Vaudicourt, Beaumont & de la Motte, des Rentes & Maisons qu'il avoit en la Ville de Cambray, rue des Boulangers, & de la somme de quatre cents livres, d'Artois, à lui due par son Frere, Noble Homme ALEXANDRE de RECOURT; Seigneur de Baraftre, de la Motte, de Sarton & de Grandcourt en partie; auquel Acte furent présents deux Échevins de la Cité de Cambray, le quatrieme jour de Mars 1502; Collationné par les Maire & Échevins de la Ville & Cité de Cambray, & scellé du Sceau de ladite Ville le quatrieme jour de Juillt 1666. Autre Collation faite par les Sieurs Grenets & Pingard, Échevins de ladite Ville de Cambray, & scellé du Sceau de ladite Ville, le 22 Août 1732.

[1506.] Acte de Garde-Noble des Enfants de Jean Dupuis & de Catherine de Recourt, accordé à RICHARD DUPUIS, Fils aîné de Jean Dupuis & de sa premiere Femme, du consentement de ROBERT de RECOURT, Écuyer, Seigneur de Grandcourt; Antoine Dupuis, Écuyer, Seigneur de Cervais, & Jean Moreau, Gouverneur de la Ville de Soissons, veuf de défunte Agnès Dupuis; créés Tuteurs des susdits Enfants, par Sentence de Nicolas de Flavigny, Écuyer, Lieutenant du Bailli de Vermandois, en la Jurisdiction de Ribemont, daté & scellé le 19 Mai 1506, Collationné par Brouette & Fontaine, Notaires Royaux résidents à Ribemont, le 27 Septembre 1732,

[1518.] Dénombrement fervi par ROBERT de RECOURT, Écuyer, Seigneur de Grandcourt, à Louis de Miraumont, Écuyer, Seigneur de Miraumont, Sombrain & de Grandcourt en partie, de plufieurs Fiefs fitués à Grandcourt, relevants du Châtel & Seigneurie d'Encre, & d'une partie de Bois, dite les Mafures, tenante au Bois de Sarton, daté du 18 Mars 1518, dont Copie fur papier libre, adminiftrée par le Sieur Gorlier, Procureur-Fifcal du Marquifat d'Encre, dit depuis Albert, le 13 Décembre 1759.

[1522.] Contrat de Mariage de D^lle JEHANNETTE de RECOURT, Fille de Robert de Recourt, Écuyer, & de D^lle Marie de Louverval, fa Femme, avec Robert de Bacquehem, Fils de Guy de Bacquehem, Écuyer, & d'Antoinette de Corbehem, paffé pardevant Anfeau de Franqueville, Notaire Impérial, en préfence de deux Échevins de la Ville & Cité de Cambray, le 19 Mars 1522; Collationné le 29 décembre 1667 par les Échevins de ladite Ville, & encore le 13 Juillet 1733, par les Sieurs Grenet & Pingard, Échevins, avec l'appofition du Scel de ladite Ville.

[1533.] Contrat de Mariage entre HUES (ou) HUGUES de RECOURT, Écuyer, Sieur de Baraftre, d'une part, & Demoifelle Marguerite de Sacquefpée, veuve de feu Bertrand de Morbays, Écuyer, en préfence de Jean de Beaufort, Sieur de Beaurain, de Philippes de Saint-Quentin, Écuyer, Sieur de Billy, fes Parents & Amis, & du Notaire fouffigné, Aymard, le treizieme jour de Mai 1533, dont Copie adminiftrée par le Notaire d'Artois, & fcellée le 5 Juillet 1747.

[1548.] Tranfaction entre ROBERT de BACQUEHEM, Écuyer, & Dll^e JEHANNETTE de RECOURT, fa Femme, Fille de feu Robert de Recourt, Écuyer, & de Dll^e Marie de Louverval, d'une part; lefquels pour terminer toutes difficultés avec JEAN de RECOURT, Écuyer, Capitaine du Château de Beaurevoir, Frere de ladite Jehannette, à caufe des biens & revenus dudit Jean de Recourt, que ledit Robert de Bacquehem & fa Femme, avoient reçus en fa longue abfence; paffée en préfence de Joffe Mollet, Écuyer, Seigneur de Wyencourt, Frere dudit Jean de Recourt, à caufe de Demoifelle Françoife Mollet, fa Femme, le 15 Mai 1548, dont Copie adminiftrée par les Échevins de la Ville de Cambray, le 13 Décembre 1667, & pareille Collation fcellée du Sceau de ladite Ville, faite par les Sieurs Grenet & Pingard, Échevins, & fignée Michel, Greffier, le 22 Août 1732.

[1550.] Contrat de Vente par JEAN de RECOURT, Écuyer, Capitaine du Châtel de Beaurevoir, à Jean Goffard, de plufieurs mancauldées de Terres

au Terroir de Buffigny, à lui échues de la Succeffion de feu Robert de
Recourt, fon Pere, & fuivant la Tranfaction paffée entre lui d'une part;
Robert de Bacquehem & Jeannette de Recourt, fa Sœur, d'autre part;
fait en préfence des Mayeurs & Échevins de Buffigny, le 17 Août 1550,
dont Copie collationnée a été adminiftrée par les fufdits Mayeurs & Échevins,
le 29 Décembre 1667, & pareille Copie collationnée par les Sieurs Grenet &
Pingard, Échevins de Cambray, fcellée du Sceau de la Ville, le 22 Août 1732.

[1560.] Conftitution de dix-fept livres dix fols de rente, créée par JOSSE
MOLLET, Écuyer, Seigneur de Wyencourt, demeurant à Bohain, au profit
de Demoifelle Françoife Mollet, fa Sœur, Veuve de feu JEAN de RECOURT,
vivant Écuyer, Capitaine du Châtel de Beaurevoir, tant pour elle que pour
Jean, Marie & Jacqueline de Recourt, fes Enfants & dudit défunt; faite &
paffée devant Lécuyer & Parent, Notaires Royaux à Saint-Quentin, le 14
Juillet 1560, dont Expédition a été levée le 19 Novembre 1667; & Collation
du 30 Août 1732, par Wattier & Dorigny, Notaires Royaux à S.-Quentin.

[1571.] Contrat de Mariage entre JEAN de RECOURT, Écuyer, Capitaine
& Bailli de Bohain, d'une part; & Demoifelle Françoife d'Achery, Fille de
feu Philippes d'Achery, Écuyer, & de Demoifelle Anne de Bailleul, d'autre
part; affiftée de ladite Anne de Bailleul, & de vénérable Perfonne Bernard
de Bailleul, Chanoine de l'Églife de Saint-Quentin; fait & paffé pardevant
Charlevoix & Lécuyer, Notaires Royaux en ladite Ville de Saint-Quentin,
le 9 de Mars 1571, dont Epédition a été levée le 10 Décembre 1667, en
vertu d'un Jugement rendu par les Officiers de la Prévôté de Saint-Quentin;
& Collation faite par Wattier & Dorigny, Notaires audit lieu, le 29 Août
l'an 1732.

[1571.] Bail de plufieurs corps d'Héritages & Maifon fitués à Erquéhéry,
accordé à Laurent Lefueur, Manouvrier audit lieu, par JEAN de RECOURT,
Écuyer, Capitaine & Bailli de Bohain, y demeurant, & Demoifelle MARIE
de RECOURT, fa fœur, fe portants fort pour leurs autres Cohéritiers de feu
Jean de Recourt, leur Pere, vivant Écuyer, Capitaine du Château de Beaurevoir; fait & paffé pardevant Laube & Lécuyer, Notaires Royaux à Saint-
Quentin, le feptieme jour de Juin 1571, dont Expédition a été levée le 2
Décembre 1667; & Collation faite par Wattier & Dorigny, Notaires Royaux
à Saint-Quentin, le 29 Août 1732.

[1571. [Acte d'Échange entre JEAN de RECOURT, Écuyer, Bailli de
Bohain, d'une part, & Demoifelle MARIE de RECOURT, fa Sœur, de

plufieurs

plufieurs corps d'Héritage, féans au Terroir de Buffigny & d'Erquéhéry, à eux échus par le trépas de feu JEAN de RECOURT, leur Pere, vivant Écuyer, Capitaine du Château de Beaurevoir, fait & paffé pardevant Laube & Lécuyer, Notaires Royaux à Saint-Quentin, le 14 Juin 1571, dont Expédition a été levée le 1 Décembre 1667, & Collation faite par Wattier & Dorigny, Notaires Royaux à Saint-Quentin, le 29 Août 1732.

[1572.] Contrat d'Acquifition de plufieurs corps d'Héritage, au profit de Demoifelle MARIE de RECOURT, Femme de Jean Cadart, Écuyer, Bailli & Capitaine pour le Roi, en la Ville du Câteau-Cambrefis, daté du du 22 Décembre 1572.

[1572] Bail à Surcens perpétuel, de plufieurs Héritages fitués aux Terroirs d'Hirfon & d'Erquéhéry près de Guife, au profit de JEAN de RECOURT, Écuyer, Sieur de l'Hefdin, Capitaine-Commandant les Ville & Château de Bohain, daté du 17 Octobre 1572.

[1586.] Vente faite par Antoine Molet & Charles Poftel, au profit de JEAN de RECOURT, Écuyer, Seigneur de l'Hefdin, Capitaine & Bailli de Bohain, datée du 6 Mars 1586.

[1586.] Quittance de rembourfement d'un Principal produifant trente-cinq livres de rente annuelle, payé à la Dame de Chamarin, à l'acquit des Sieurs Antoine Molet & Charles Poftel, à caufe de N. Molet, fa Femme, Sœur defdits Antoine, Joffe, & de Françoife Molet, Femme de feu JEAN de RECOURT, en fon vivant, Écuyer, Seigneur de l'Hefdin, Capitaine-Commandant les Ville & Château de Beaurevoir, datée du 15 Mars 1586.

[1592.] Teftament de JEAN de RECOURT, Écuyer, Seigneur de l'Hefdin, par lequel il ordonne être appofé, dans l'Églife de fa Sépulture, un Tableau & Infcription de fes Nom & Armoiries, ainfi que les portoient fes Ancêtres, Seigneurs de la Terre de Baraftre, poffédée actuellement par le Sr d'Hericourt ; & donne, par forme de partage, à fes Enfants y dénommés, ce qui pouvoit leur revenir en fa Succeffion. Ledit Acte paffé le 20 Octobre 1592, & Collationné à la Requête de Françoife d'Achery, fa Veuve, le 4 Janvier 1595.

[1595.] Traité de partage entre Demoifelle Marguerite d'Achery, Veuve de feu Noble Homme David Turpin, Écuyer, Seigneur de Vandicourt, tant en fon Nom, que fe portant fort pour fes Enfants & dudit Défunt fon Mari, d'une part ; & Demoifelle Françoife d'Achery,

O

Veuve de feu Jehan de Recourt, lui vivant Écuyer, Seigneur de l'Hesdin, Bailli & Capitaine de Bohain, tant en fon nom, que comme ayant le Bail & la Garde-Noble de Louis, Jean, Bertrand, Anne & Charlotte de Recourt, & encore fe portant fort d'eux & de Georges, Antoine, François & Melchisedech de Recourt, tous Enfants dudit Défunt & d'Elle, avec promeffe de ratifier ledit Acte, daté du 21 Juin 1595.

[1598.] Contrat de Mariage entre Georges de Recourt, Écuyer, Seigneur de l'Hesdin, Capitaine & Bailli de Bohain, affifté de Demoiselle Françoife d'Achery, fa Mere, de François de Recourt, Écuyer, fon Frere, & de Charles de Hecquin, Écuyer, demeurant à Beaurevoir, d'une part ; & Demoifelle Anne d'Hoftat, Veuve de feu Pierre d'Hué, Écuyer, Seigneur du Bus, affiftée de Demoifelle Antoinette de Hodicq, fa Mere, Veuve de feu Jean d'Hoftat, Écuyer, Seigneur du Sart-fur-Serre, à caufe de ladite Antoinette de Hodicq ; & de nobles Hommes Michel & Amé d'Hoftat, Freres de ladite Demoifelle Anne d'Hoftat, d'autre part. Ledit Acte paffé pardevant Maître Gallien, Notaire à Laon, & les nommés Antoine de Milefchamps & Claude Viefville, appellés comme Témoins, le fixieme jour du mois de Mai 1598; & infinué au Greffe des Infinuations, le 4 Août audit an.

[1599.] Enquête juridique faite par Meffire de Machault, Confeiller du Roi en fa Cour des Aides, Commiffaire député pour le réglement des Tailles de la Généralité de Picardie, pour la juftification de la Nobleffe de Georges de Recourt, le 7 Mai 1599. Lettres de maintenue en la jouiffance des Privileges de Nobleffe, accordées audit Georges de Recourt, par le fufdit Sieur Gabriel de Machault, le 8 Mai 1599. Enregiftrement defdites Lettres au Greffe de la Prévôté Royale de Saint-Quentin; figné Prevot, fur le Jugement de Jean de la Fons, Écuyer, Sieur du Vergier, premier Préfident en ladite Prévôté & Élection, rendu le 28 Août, l'an 1599.

[1601.] Tranfaction entre Demoifelle Françoise d'Achery, Veuve de feu Jean de Recourt, Écuyer, Bailli, Capitaine de Bohain, & Femme en fecondes Noces de François de Faure, Écuyer, d'une part ; & Georges de Recourt, fon Fils, Écuyer, Seigneur de l'Hefdin & du Sart, tant en fon nom, que fe portant fort pour Anne d'Hoftat, fa Femme, & Demoifelle Antoinette de Hodicq, Veuve de Jean d'Hoftat, Écuyer, Seigneur du Sart, & Mere de ladite Demoifelle Anne d'Hoftat, pour fes Droits Matrimoniaux & reprifes qu'elle avoit à faire fur la Terre & Seigneurie de l'Hefdin. Ledit Acte paffé pardevant Foreftier & Milefchamps, Notaires Royaux à Saint-Quentin, le 26 du mois de Janvier, l'an 1601.

[1601.] Défiftement d'une Sentence rendue par le Lieutenant Civil du Bailliage & Prévôté de S.-Quentin, donné par Dlle FRANÇOISE d'ACHERY, Femme de François Faure, Écuyer, & ci-devant Veuve de JEAN de RECOURT, comme ayant le Bail & Garde-noble de LOUIS, JEAN, BERTRAND, ANNE & CHARLOTTE de RECOURT, fes Enfants mineurs, & fe portant fort de GEORGES, ANTOINE & MELCHISEDECH de RECOURT, auffi fes autres Enfants d'elle & dudit Sieur JEAN de RECOURT, fon Mari, qui étoit appellant de ladite Sentence rendue entre lui, & le Sieur Louis Maréchal, Seigneur en partie de l'Hefdin, intimé; & fignifié le 19 Mai 1601.

[1613.] Contrat de Vente de la Terre & Seigneurie de l'Hefdin, par GEORGES de RECOURT, Écuyer, Seigneur de l'Hefdin & du Sart, à Gilles de la Hillieres, Écuyer, Seigneur de Garozel, Capitaine au Régiment de de Piedmont, Infanterie, du confentement de Demoifelle Anne d'Oftat, fa Femme; ledit Acte paffé pardevant Laube & Mambreüil, Notaires Royaux à Saint-Quentin, le 6 Février 1613.

[1613.] Contrat de Mariage entre Dlle CHARLOTTE de RECOURT, & le Sieur Médard de Chantelou, Fils de Charles de Chantelou, & de Demoifelle N. Marquife de Sourdé, Écuyer, Seigneur de Champ-Renault, affifté du Sieur Charles de Chantelou, Écuyer, Seigneur de Neufville; en préfence de Georges de Recourt, Écuyer, Seigneur de l'Hefdin & du Sart, & du Sr Melchifedech de Recourt, Écuyer, Gouverneur & Bailli de Bohain, fe faifants & portants fort pour ladite Demoifelle Charlotte de Recourt, leur Sœur, & Demoifelle Françoife d'Achery, leur Mere, par lefquelles ils promettent faire agréer & ratifier ledit Acte, paffé le 7 Mai 1613.

[1613.] Quitrance de Rembourfement fait par Gilles de la Hillieres, Écuyer, Seigneur de Garozel, fur le prix de fon acquifition de la Terre & Seigneurie de l'Hefdin, de ce qui pouvoit appartenir à Demoifelle CHARLOTTE de RECOURT, donnée par elle & le Sieur Médard de Chantelou, fon Mari, en préfence de Laube & de Mambreuil, Notaires Royaux à Saint-Quentin, le 8 Juillet 1613.

[1614.] Traité d'Échange entre GEORGES de RECOURT, Écuyer, Seigneur de l'Hefdin & du Sart, & JEAN de RECOURT, fon Frere puîné, de leurs Droits refpectifs en la fucceffion de Jean de Recourt, leur Pere, fur les Terres de l'Hefdin, d'Erquéhéry & du Fief de la Malmaifon en Haynault, paffé devant Pierre Huart & Claude Pourcel, Notaires au Châtelet de Paris, le trentieme jour d'Avril 1614.

O ij

[1623 , 1624 & 1626.] Plufieurs Piéces & Traités, des 6 Novembre 1623, 21 Juin 1626, & 26 Avril 1626, entre Demoifelle CHARLOTTE de RECOURT, Veuve de feu Médard de Chantelou , Écuyer , Seigneur de Champ-Renault., & JEAN de RECOURT, Chevalier, Seigneur du Sart; paffés pardevant les Notaires fouffignés auxdits Actes.

[1626.] Plufieurs Actes & Traités entre Demoifelle Anne d'Oftat, Veuve en fecondes Noces de défunt GEORGES de RECOURT, Écuyer, Sgr de l'Hefdin & du Sart, & JEAN de RECOURT, fon Beau-Frere, portants ceffion de fes Droits fur la Terre & Seigneurie du Sart, & en la Succeffion de défunt MICHEL de RECOURT, fon Fils ; paffés pardevant les Notaires au Châtelet de Paris, fouffignés les 22 & 24 Avril en l'année 1626.

[1627.] Dénombrement de la Terre & Seigneurie du Sart, fourni au Roi, le 14 Juillet 1627, par JEAN de RECOURT, Chevalier, Seigneur du Sart, Colonel d'un Régiment d'Infanterie , Lieutenant Général des Troupes Françoifes entretenues au Service de la République de Vénife ; extrait en la Chambre des Comptes du Roi, des Aveux & Dénombrements de diverfes Provinces, au chapitre intitulé *France*, fol. 181 du premier volume. Ledit Aveu cotté LXXXI.

[1628.] Contrat de Mariage entre JEAN de RECOURT, Chevalier, Seigneur du Sart, Contrôleur des deniers extraordinaires de Sa Majefté, ci-devant Colonel d'un Régiment d'Infanterie , affifté de Charles Laurent, chargé de la Procuration fpéciale de Demoifelle Françoife d'Achery, Femme du Sieur de Faure, Écuyer ; ci-devant, Veuve de JEAN de RECOURT, Écuyer, Capitaine & Bailli des Ville & Château de Bohain, d'une part; & Demoifelle Louife Poulet, Fille de Pierre Poulet, Écuyer, Seigneur de Cambron, Chevennes, Malpeine, de Saint-Germain, &c. Lieutenant Général au Bailliage & Siege Préfidial de Laon, & de Demoifelle Paule Jabin, fon Époufe ; paffé devant Laurent & fon Confrere, Notaires Royaux à Laon, le 17 Septembre 1628.

[1634.] Arrêt de la Cour des Aides de Paris, rendu fur la Requête à elle préfentée par JEAN de RECOURT, Chevalier, Seigneur du Sart, contenant qu'encore qu'il fut iffu de la Maifon de RECOURT aux Pays-Bas, & que fes Prédéceffeurs aient laiffé ledit Pays, pour fe rendre à la Suite & au Service des Rois de France, tant dedans que dehors le Royaume, néanmoins la perte qu'ils ont effuiée de leurs Titres & Biens en diverfes occafions ; le met hors d'état de faire la preuve & juftification de fa Nobleffe & Extraction, & qu'en conféquence, il plut à la Cour, d'ordonner l'Enquête par Témoins, par Titres & autres moyens qu'il avisera, & pardevant qui il appartiendra, pour parvenir aux fins de sa demande ; sur quoi la Cour a permis audit JEAN de RECOURT, de faire informer ; & sur la Signification dudit Arrêt, a été faite par le Prévôt Royal de Saint-Quentin, l'Enquête du 20 Décembre 1634, mentionnée dans le Mémoire ci-devant, pages 30 & 31.

[1635.] Testament de Demoiselle Françoise d'Achery, Femme, en premieres Noces, de JEAN de RECOURT, Écuyer, Capitaine & Bailli de Bohain; & en secondes Noces, de François de Faure, Écuyer; passé devant Sorel, Notaire à Bohain, le 28 Avril 1635.

[1636.] Renonciation par Salomon de Ragaignes, Écuyer, Seigneur d'Egoustelles, & ANNE de RECOURT, sa Femme, ci-devant Veuve de Jean de Macquerel, vivant Écuyer, aux Biens de la Succession de feu GEORGES de RECOURT, Écuyer, Seigneur du Sart, & de MICHEL de RECOURT, son Fils ; au profit de JEAN de RECOURT, Chevalier, Seigneur du Sart, son Frere ; par Acte passé pardevant Laube & Huart, Notaires Royaux à Saint-Quentin, le 23 Décembre 1636.

[1651 & 1652.] Actes de Garde-Noble & d'Émancipation de FRANÇOIS & MARIE de RECOURT, accordés à JEAN de RECOURT, leur Pere, Chevalier, Seigneur du Sart; les 19 Décembre 1651 & 3 Août 1652.

[1653.] Requête & Placet en forme de Mémoire, des Services de la Famille de RECOURT, présentés au Maréchal d'Hocquincourt, commandant l'Armée de France en Catalogne, par JEAN de RECOURT, Chevalier, Seigneur du Sart, pour obtenir la faculté de retrait des Biens de la Couronne d'Espagne, conquis par la France, en Catalogne, engagés ou aliénés pendant la Guerre ; accordé, & signé dudit Maréchal d'Hoquincourt, l'an 1653.

[1660.] Dossier contenant les pieces de Procédures relatives aux vexations de la Maison de Balagny & Alliés, contre la Famille de RECOURT; la Correspondance de MELCHISEDECH de RECOURT, relative à son Gouvernement de Bohain, & l'État des pertes soufertes par la Famille de RECOURT, dans les différentes attaques des Ennemis de l'État, depuis nombre d'années, jusqu'en 1660.

[1663.] Testament de JEAN de RECOURT, Chevalier, Seigneur du Sart, passé pardevant Demas & Raveneau, Notaires au Châtelet de Paris, le 18 Juillet 1663.

[1665.] Certificats des anciens Mayeurs, Échevins & Habitants de la Ville de Bohain, fur la Nobleffe de la Famille de RECOURT, & de fa charge de Capitaine & Bailli au Gouvernement de ladite Ville, remplie par plufieurs de cette Maifon, confécutivement pendant trois Générations ; donnés le 26 Février 1665.

[1667.] Affignation donnée à FRANÇOIS de RECOURT, Écuyer, Seigneur du Sart, pour la juftification de fa Nobleffe, & fournir fes pro- ductions y relatives, lors de la recherche de la Nobleffe de France, le 31 Août 1667.

[1667.] Procès - Verbal de compulfation d'Actes & de Titres fervants à la Juftification de la Nobleffe de la Famille de FRANÇOIS de RECOURT, Écuyer, Seigneur du Sart, dreffée par le Sieur Nicolas Moizet, Confeiller du Roi au Siege Royal de Saint - Quentin, & Subdélégué de M. l'Intendant de Picardie, le 2 Décembre de l'an 1667.

[1668.] Arrêt de maintenue dans la poffeffion de la qualité de Noble & d'Écuyer, & des Privileges accordés à la Nobleffe de France, donné à FRANÇOIS de RECOURT, Écuyer, Seigneur du Sart, par M. Dorieu, Intendant de la Généralité de Soiffons, le 7 Janvier 1668.

[1688.] Contrat de Mariage entre FRANÇOIS de RECOURT, Écuyer, Seigneur du Sart, Fils de feu JEAN de RECOURT, Seigneur du Sart, & de Dame LOUISE POULET ; affifté de fes Parents & Amis, d'une part ; de Demoifelle Anne - Genevieve le Carlier, Fille de Charles le Carlier, Écuyer, Confeiller - Secrétaire du Roi, & de Demoifelle Anne - Gabrielle Bellotte, affiftée de fes Parents & Amis ; paffé pardevant Gallien & Maillard, Notaires Royaux à Laon, le 6 Janvier 1688.

[1697.] Brevet d'enregiftrement des Armoiries de FRANÇOIS de RECOURT, Chevalier, Seigneur du Sart & d'ANNE - GENEVIEVE le CARLIER, fa Femme ; délivré par Meffire Charles d'Hozier, Juge d'Armes de la Nobleffe, & Garde de l'Armorial de France ; à Paris, le 27 Juillet 1697.

[1700.] Arrêt de maintenue dans la poffeffion de la Qualité de Noble & Écuyer, & des Privileges accordés à la Nobleffe de France ; donné à FRANÇOIS de RECOURT, Écuyer, Seigneur du Sart, par M. Samfon, Intendant de la Généralité de Soiffons, le 17 Mars 1700, fur la Significa- tion faite à FRANÇOIS de RECOURT, le 15 Janvier 1700, & fa Requête du 15 Mars audit an.

[1722.] Partage des Biens de la Succeffion de FRANÇOIS de RECOURT, Chevalier, Seigneur du Sart, paffé devant Le Nain & fon Confrere, Notaires à Laon, le 15 Septembre 1722.

[1726.] Contrat de Mariage entre JEAN de RECOURT, Chevalier, Seigneur du Sart, Fils de FRANÇOIS de RECOURT, & de Dame GENEVIEVE le CARLIER, assisté de Me François Pioche, Procureur du Roi au Bailliage de la Fere, chargé de la Procuration, & fondé de pouvoir de ladite Dame le Carlier, sa Mere, d'une part; & Dlle Marie-Charlotte Roland, Fille de Messire Gérard Roland, Conseiller du Roi, premier Président des Trésoriers de France en la Généralité de Champagne, & de Dame Antoinette Branche; passé devant Nouvelet & Laubreau, Notaires Royaux à Reims, le 26 Février 1726; & l'Acte de la célébration dudit Mariage, en l'Église de Saint Hilaire de Reims, le 27 desdits mois & an.

[1761.] Acte de Partage entre les Enfants de Messire JEAN de RECOURT, Chevalier, Seigneur du Sart, des Biens provenants de la Succession de feue Dame Marie Charlotte Roland, leur Mere; daté du 19 Décembre 1761, & ratifié le 18 Février 1765.

[1764.] Contrat de Mariage entre PIERRE-FLORIMOND-CHARLES-JOSEPH de RECOURT, Fils de Jean de Recourt, Chevalier, Sgr du Sart, & de Dlle Marie-Charlotte Roland, d'une part; & Dlle ANTOINETTE FREMYN, Fille de Messire Louis Fremyn, Sgr de l'Étang, de Sapicourt & de Branscourt en partie, & de Dlle Marie-Thérese Maillefert; passé devant Michault & son Confrere, Notaires Royaux à Reims, le 10 Juin 1764.

[1765.] Acte de Partage entre les Enfants de Messire JEAN de RECOURT, Chevalier, Seigneur du Sart, de Rentes sur l'Hôtel de Ville de Paris, provenantes de la Succession de feue Dame MARIE-CHARLOTTE ROLAND, leur Mere; passé devant Élisée Dupuis, Notaire Royal au Bailliage de la Fere, le 18 Février 1765.

[1767.] Donation de la Terre & Seigneurie du Sart, par JEAN de RECOURT, Chevalier, Seigneur du Sart, à PIERRE-FLORIMOND-CHARLES-JOSEPH de RECOURT, son Fils aîné; passé devant Maugras & Petitjean, Notaires Royaux à Laon, le 10 Novembre 1767.

[1769.] Contrat de Mariage entre ANTOINE-FRANÇOIS-NICOLAS de RECOURT, Sgr en partie de Bruyeres & de Cherest, Fils de Jean de Recourt, Chevalier, Seigneur du Sart, & de Demoiselle Marie-Charlotte Roland; assisté de Nicolas Duchatel, Docteur & Professeur en Droit de l'Université de Reims, chargé de la Procuration dudit Messire Jean de Recourt, Seigneur du Sart, d'une part; & Demoiselle ANNE-MARIE-THÉRESE FREMYN, Fille de Messire Louis Fremyn, Seigneur de l'Étang, Sapicourt,

& Branfcourt en partie , & de Demoifelle Marie - Thérefe Maillefert , fon Époufe ; paffé devant Michault & Huguin , Notaires Royaux à Reims , le 15 Avril 1769.

[1771.] Acte de notoriété du nombre des Enfants de JEAN de RECOURT, Chevalier , Seigneur du Sart , & de Dlle Marie-Charlotte Roland , fon Époufe, figné de M. Jean-Pierre Dupont, Licentié en Théologie, de la Faculté de Paris; de M. Daniel Leclerc , Prêtre , Curé de la Paroiffe de Saint Pierre le vieil , à Laon: de Meffire Louis Marquette de Villers, Lieutenant Criminel à Laon ; de M. Jean-Claude-François Chevalier , Seigneur de Buzerolles , Lieutenant Particulier , Affeffeur ; de M. Simon Leleu, Confeiller, Lieutenant Particulier au Bailliage & Siege Préfidial de Laon ; paffé devant Maugras & Deuil, Notaires Royaux à Laon, le 16 Juillet 1771.

[1771.] Partage de Rentes fur l'Hôtel de Ville de Paris, provenantes & dépendantes de la Succeffion de M. JEAN de RECOURT, Chevalier , Seigneur du Sart , entre les Enfants dudit Sieur Jean de Recourt ; paffé devant Maugras & Deuil, Notaires Royaux à Laon, le 28 Mars 1771.

[1771 & 1772.] Sentences rendues au Bailliage de Laon, le 8 Juin 1771, & en celui de Reims, le 18 Février 1772 ; pour la réformation du mot *Baptifte*, que le fufdit Meffire JEAN de RECOURT, Seigneur du Sart, avoit ajoûté à fon Nom de Baptême, dans plufieurs Actes fouffignés par lui *Jean-Baptifte de Recourt*; le feul Nom de *Jean*, lui ayant été donné, fuivant fon Extrait de Baptême du 14 Janvier 1696.

[1772.] Certificat des Officiers du Préfidial de la Ville de Laon , fur la Nobleffe de la Famille de Recourt , & la Filiation d'ANTOINE - FRANÇOIS - NICOLAS de RECOURT, Chevalier , Fils de Meffire Jean de Recourt , Chevalier, Seigneur du Sart, & de Demoifelle Marie - Charlotte Roland , ainfi que de l'élection & nomination dudit Sieur Jean de Recourt , Seigneur du Sart, en qualité de Député de la Nobleffe, du 23 Novembre 1765, & fon Repréfentant dans les Affemblées du Corps de ladite Ville, le 18 Avril 1770 ; figné defdits Officiers le 27 Novembre 1772.

[1772.] Extrait des Regiftres des Délibérations de l'Hôtel de Ville de Laon , concernant l'élection & la nomination de JEAN de RECOURT, Chevalier, Seigneur du Sart, en qualité de Repréfentant la Nobleffe & le Corps Militaire de ladite Ville, datée le 18 Avril 1770 ; adminiftré par le Greffier de ladite Ville, le 28 Novembre 1772.

[1777.]

[1777.] Procuration donnée à Jean - François Blin de la Chauffée, Procureur au Siege Royal de Soiffons, par Meffire ANTOINE - FRANÇOIS-NICOLAS de RECOURT, Seigneur en partie de Bruyeres & de Chereft, de faire, en fon Nom & pardevant Noffeigneurs les Préfidents - Tréforiers de France Généraux des Finances de la Généralité de Soiffons, l'Acte de Fo & Hommage qu'il doit à Sa Majefté, des Droits d'Échange & Honorifiques des Paroiffes de Bruyeres & de Chereft. Paffée devant Huet & Jeunehome, Notaires Royaux à Reims, le 20 Décembre 1777.

[1778.] Acte de Foi & Hommage des Droits utiles & honorifiques d'Échange, dans l'étendue des Terres & Seigneuries de Bruyeres & de Chereft, rendu à Sa Majefté, en fa Chambre des Domaines à Soiffons, le 1778, par Me Jean-François Blin de la Chauffée, Procureur ès Sieges Royaux, à Soiffons, au nom & fondé de la Procuration de Meffire ANTOINE-FRANÇOIS-NICOLAS de RECOURT, Chevalier, demeurant à Reims.

[1780.] Acte de Tutele & Curatele des Enfants de Meffire PIERRE-FLORIMOND-CHARLES-JOSEPH de RECOURT, Chevalier, Seigneur du Sart, décédé le 26 Septembre 1780; par lequel Dlle ANTOINETTE FREMYN, leur Mere, a été déclarée Tutrice defdits Enfants ; & le Sieur ANTOINE - FRANÇOIS-NICOLAS de RECOURT, Chevalier, Frere dudit défunt, nommé Curateur aux actions immobilliaires des fufdits Enfants ; paffé en l'Affemblée de Parents & Amis des Mineurs, convoquée pardevant le Lieutenant Général du Bailliage, Siege Royal & Préfidial, à Laon, le 24 Novembre 1780.

Plufieurs Actes de Baptêmes, Mariages & Sépultures de la Famille de RECOURT, extraits des Regiftres des Paroiffes de Notre - Dame du Sart, & de Saint Hilaire à Reims.

FIN DES PREUVES.

P

LETTRES DE SERVICES,
BREVETS ET COMMISSIONS,

Accordés à la Famille de Recourt, de la Branche des Seigneurs du Sart.

[1583.] Lettres Patentes de Marguerite, Reine de Navarre, Ducheſſe de Valois, Comteſſe d'Agenois, Dame de Bohain, & Sœur unique du Roi, par leſquelles elle accorde au Sieur de Recourt, Écuyer, Seigneur de l'Heſdin, Bailli, Gouverneur & Capitaine des Villes & Château de Bohain, la quantité de douze cordes de Bois & douze cents Fagots, à prendre dans ſes Domaines, comme faiſant partie des Émoluments de la Charge dudit Sieur de Recourt, & pour le récompenſer de ſes longs & anciens Services; données à Paris le 8 Juillet 1583. *Signé*, Marguerite ; & plus bas, Par la Reine de Navarre, Sœur unique du Roi. *Signé*, Lecouet, avec Paraphe.

[1588.] Certificat des Sieurs Lieutenant Civil, Avocat & Procureur du Roi au Siege Royal de Saint-Quentin, qui conſtate le Service actuel de Jean de Recourt, Écuyer, Seigneur de l'Heſdin, Bailli, Capitaine des Ville & Château de Bohain, depuis l'an 1569. *Signé*, de J. de la Fons, d'Origny, & de Y, le 13 Juin 1788.

[1591.] Permiſſion donnée par M. de Lannoy, Gentilhomme de la Chambre du Roi, Gouverneur du Catelet, & Capitaine de cinquante Chevaux légers pour le Service de Sa Majeſté, au Sieur de Recourt, Bailli & Capitaine de Bohain, de récupérer, en repréſailles, la jouiſſance des Biens du nommé Lepreux, du parti de M. de Balagny, pour indemnité des Pertes qu'il avoit faites au Service de Sa Majeſté. *Signé*, de Lannoy, le 16 Juin 1591.

[1591.] Confirmation accordée par Henri IV, à Jean de Recourt, Écuyer, Seigneur de l'Heſdin, de la Charge de Bailli & Capitaine de la Ville & Château de Bohain ; datée du 28 Janvier, l'an 1591.

[1593.] Brevet accordé par Henri IV, Roi de France, à Jean de Recourt, Écuyer, Seigneur de l'Heſdin, portant confirmation de la Charge de Bailli & Capitaine de Bohain, avec les mêmes émoluments, profits, honneurs & prérogatives à lui accordés par la feue Reine de Navarre, daté du 15 Octobre 1593. *Signé* Henri. Et plus bas, ſur le replis, de par le Roi. *Signé*, Du Jai.

[1593.] Ordre de Henri d'Orléans, Duc de Longueville, Gouverneur & Lieutenant Général pour le Roi en la Province de Picardie, de faire reftituer au Sieur JEAN de RECOURT, Écuyer, Seigneur de l'Hefdin, Bailli & Capitaine pour le Roi, Commandant des Ville & Château de Bohain, les Héritages dont les Gens de M. de Balagny s'étoient emparés depuis la prife du Château de Bohain ; daté de Saint-Quentin, le 5 Mai 1593.

[1599.] Enquête faite par M. Machaut, Commiffaire départi en la Province de Picardie (& dont a été ci-deffus fait mention) fervant de preuve des Services de la Famille de RECOURT, & de la Mort de JEAN de RECOURT, à l'attaque & prife du Château de Beaurevoir en 1557 ; datée du 7 Mai 1599.

[1611.] Commiffion de Capitaine & Bailli de Bohain, accordée à MELCHISEDECH de RECOURT, le 17 du mois de Janvier 1611.

[1616.] Don fait par Henri de Foix, au Sieur de RECOURT, Enfeigne de fa Compagnie, de ce qui pouvoit lui refter dû fur les Droits Seigneuriaux de fes Domaines de Pluvinel en Bretagne. Signé Henri de Foix ; & daté du 2 Octobre 1616.

[1617.] Don fait par Henri de Foix, au Sieur de RECOURT, Lieutenant de fa Compagnie de cent hommes d'armes d'Ordonnance, des Biens à lui acquis par forfaiture du Sieur Charles de Cominges, Seigneur de Pontefac, dans la Comté d'Afterac, jugé à mort par Arrêt du parlement de Touloufe, au mois de Mars 1616. Signé, Henri de Foix, le 1 Août 1617.

[1621.] Commiffions de Capitaine, Bailli & Commandant des Ville & Château de Bohain, accordées à GEORGES de RECOURT, Écuyer, Seigneur de l'Hefdin & du Sart, en furvivance de Melchifedech de Recourt, fon Frere ; datées des 12 Juin & 6 Août 1621.

[1622.] Brevet & Don du Roi accordé à JEAN de RECOURT, de la Confifcation des Biens de N. de Portus, au profit de Sa Majefté ; daté du 10 Août 1622.

[1622.] Brevet & Don du Roi accordé à JEAN de RECOURT, de la Confifcation des Biens du Sieur Baron d'Ovillars, acquis à Sa Majefté par Droit d'Aubaine ; pour récompenfer ledit Sieur de Recourt, de fes Services en la Compagnie de M. le Comte de Candale ; daté du 28 Novembre 1622.

P ij

[1625.] Commiſſion donnée à M. le Duc de Candale pour la levée d'un Régiment d'Infanterie Françoiſe, accordé par S. M. le Roy de France pour le Service de la S. S. République de Veniſe ; datée du 11 Mai 1625. *Signé*, Moroſini.

[1625.] Commiſſion de Colonel du Régiment d'Infanterie de M. le Duc de Candale, & de Lieutenant Général des Troupes Françoiſes employées au Service de la République de Veniſe; donnée à JEAN de RECOURT, par M. le Duc de Candale, & ſcellée de ſon Sceau en cire rouge, le 13 Août 1625.

[1625.] Lettre Patentes envoyées par Cornelio, Doge de Veniſe, à M. le Duc de Candale nommé par S. M. Généraliſſime des Troupes Françoiſes envoyées au Service de la S. S. République de Veniſe, ſcéllées en plomb, du ſçeau de la République, le 2 Septembre 1625. *Signé* Marioni.

[1626.] Paſſe-port donné par le Roi, au Sieur de RECOURT, s'en allant à Veniſe, pour remplir ſa Charge. *Signé*, Louis ; & *contreſigné*, Phelippeaux, le 26 Janvier 1626.

[1630.] Démiſſion de la Lieutenance de Roi au Gouvernement de la Ville & Château du Parc de la Fere, par le Sieur de Choiſy, en faveur du Sieur de RECOURT, Seigneur du Sart, le 26 Septembre 1630.

[1634.] Proviſions de Conſeiller du Roi, Maître-d'Hôtel Ordinaire de Sa Majeſté, accordées au Sieur de RECOURT, Seigneur du Sart, le 2 Octobre 1634.

[1634.] Commiſſion de Commandant des Château & Ville de Maubert-Fontaine, donnée à JEAN de RECOURT, Seigneur du Sart, Maître-d'Hôtel ordinaire de Sa Majeſté ; datée du 26 Février 1634.

[1636.] Brevet d'Aide de Camps de Sa Majeſté, pendant le Siege de la Rochelle, accordé à JEAN de RECOURT, Seigneur du Sart, le 29 Octobre 1636.

[1636.] Ordre au Sieur de RECOURT, Aide de Camps de Sa Majeſté, de viſiter les Places frontieres de Picardie & de Champagne, & de prévenir tous Gonverneurs & Commandants, de ſe tenir ſur la défenſive contre les Ennemis de l'État ; donné au mois d'Octobre 1636.

[1638.] Extrait des Regiſtres du Conſeil d'État du Roi, du Don fait par Sa Majeſté, au Sieur de RECOURT, Chevalier, Seigneur du Sart Conſeiller, Maître-d'Hôtel Ordinaire & ſon Aide de Camps; de cinquante chênes de la Forêt de Coucy, à lui accordés pour lui aider à réparer ſon

Château & Ponts du Village du Sart, détruits par les Ennemis de l'État, au paſſage qu'ils avoient tenté au Sart ; daté du 17 Novembre 1638.

[1653.] Requête & Placet en forme de Mémoire des Services rendus, tant à Sa Majeſté, qu'aux Rois ſes Prédéceſſeurs, par la Famille de RECOURT, préſenté à M. le Maréchal d'Hocquincourt, Commandant en en Catalogne ; pour obtenir la faculté du Retrait des Biens de la Couronne d'Eſpagne, engagés ou aliénés pendant la Guerre qui a duré pluſieurs années en cette Provinçe. *Accordé* ; & *Signé*, le Maréchal d'Hocquincourt, l'an 1653.

[1668.] Certificat de Services, accordé au ſieur FRANÇOIS de RECOURT, Chevalier, Seigneur du Sart, en qualité de Garde du Corps de Sa Majeſté, dans la Compagnie de Geſvres. *Signé*, de Geſvres, le 26 Juin 1668.

[1674, 1689 & 1692.] Certificats de Services pendant l'arriere-ban convoqué en 1674, 1689 & en 1692, donnés au Sieur FRANÇOIS de RECOURT, Seigneur du Sart, & collationnés par le Sieur le Carlier, Conſeiller-Secrétaire du Roi, Maiſon Couronne de France & de ſes Finances.

[1710.] Commiſſion d'Enſeigne-Colonel au Régiment de Saint-Germain-Beaupré, accordée au Sieur JEAN de RECOURT, le premier Juillet 1710.

[1710.] Autre Commiſſion de Lieutenant audit Régiment, accordée au ſuſdit JEAN de RECOURT, datée du 9 Septembre 1710.

[1743 & 1745.] Commiſſions de Sous-Lieutenant & de Lieutenant au Régiment de Guiſe, pour les Sieurs LOUIS & LOUIS-JEAN-FRANÇOIS de RECOURT, accordées en 1743 & 1745.

[1748.] Commiſſion de Capitaine d'une Compagnie d'Infanterie au Régiment d'Eſcars, donnée à LOUIS de RECOURT, en 1748.

[1774.] Certificat de mort du Sieur LOUIS-JEAN-FRANÇOIS de RECOURT, Lieutenant de la Compagnie de Beauregard, Regiment de Guiſe, tué à l'attaque du col de l'Aſſiete en Piedmont, le 19 Juillet 1747 ; donné par le Sieur Chevalier de Beauregard, Chef de Bataillon au Régiment Royal, Infanterie, & les Sieurs Dumont & Daſſier, Capitaines de Grenadiers audit Régiment. Certifié véritable par M. de Mailly, Marquis de Neſle, Colonel dudit Régiment, le 8 Septembre de l'an 1774.

EXTRAITS DE PLUSIEURS TITRES

DE LA SEIGNEURIE DE BARASTRE EN ARTOIS,

Tirés des Archives de M. de Mailly-Couronel, ancien Député pour la Noblesse des États d'Artois, & Seigneur de BARASTR.

[1400.] TRANSACTION entre Hugues de Sombrin, Chevalier, Seigneur de Baraftre, & MICHEL de RECOURT, Chanoine de Lille, pour le Fief de Rocquigny, tenu & mouvant de la Seigneurie de Baraftre; datée du 15 Décembre 1400.

[1472.] Donation par noble Homme Monfeigneur de Luxembourg, dit le Bâtard de Saint-Pol, Chevalier, d'un Fief & noble Tenement, avec Juftice Vicomtiere, fitué à Rocquigny, au Terroir de Baraftre, tenu & mouvant de noble Homme COLARD de RECOURT, à caufe de fa Seigneurie de Baraftre; datée du 14 Avril 1472.

[1476.] Enfaifinement de la fufdite Donation, au profit des Abbé & Religieux d'Arrouaife, faite par les Officiers & Hommes de Fief de la Juftice & Seigneurie de Baraftre, appartenant à noble Homme COLARD de RECOURT, Écuyer, Seigneur de Sarton, à caufe & comme Mari & Bail de Demoifelle de Baraftre, fa femme; datée du 27 Mai 1476.

[1492.] Procuration de noble Homme ALEXANDRE de RECOURT, Écuyer, Seigneur de Sarton & de Baraftre, à Demoifelle Bonne de Habarcq, fa Femme, pour la Vente de la moitié de la Terre & Seigneurie de Baraftre; datée du 21 Janvier 1492.

[1492.] Vente d'une partie de la Terre & Seigneurie de Baraftre, par Dlle BONNE de HABARCQ, fondée de la Procuration de noble Homme ALEXANDRE de RECOURT, Écuyer, Seigneur de Sarton, fon Mari, détenu Prifonnier par les Bouguignons, en la Ville du Quefnoy, pour acquitter fa Rançon; ladite Vente faite à CATHERINE de RECOURT, fa Sœur, & à JEAN DUPUIS, Écuyer, fon Beau-Ferere, moyennant le prix & fomme de feize cents écus d'or; & datée du 24 Juin 1492.

[1495.] Quittance de neuf cents vingt écus d'or, payés par noble Homme ALEXANDRE de RECOURT, Écuyer, Seigneur de Sarton & de Baraftre; du 14 juin 1495.

[1514.] Arrêt du Parlement en faveur de RICHARD DUPUIS, Tuteur de Claude Dupuis, fon Frere germain, Fils de Jean Dupuis & de Catherine de Recourt, contre Alexandre de Recourt, Écuyer, Seigneur de Sarton & de Baraftre en partie, du 7 Octobre 1514.

[1527.] Quittance de relief d'un Fief situé au terroir de Bijocourt & d'Assier-le-grand, donnée par Hugues de Recourt, Écuyer, Seigneur de Barastre en partie ; le 12 Juillet 1527.

[1545 & 1556.] Bail du Domaine de la Terre & Seigneurie de Barastre, accordé conjointement par Hugues de Recourt, & Antoine d'Héricourt, Co-seigneurs de ladite Terre & Seigneurie de Barastre, le 20 Décembre 1545 & 1556.

[1557.] Bail par Demoiselle Marguerite de Sacquespé, Veuve de feu Noble Homme Hues de Recourt, Écuyer, Seigneur de Barastre ; d'une partie de la Seigneurie de Barastre ; daté du 11 Février 1557.

[1557.] Procuration donnée par Demoiselle Jeanne de Recourt, Dame de Barastre, pour le Relief de la Seigneurie de Barastre, au nom d'Adrien de Bacquehem, son Fils aîné ; datée du 24 Avril 1557.

[1591.] Désistement fait par Jean Penescat & Marguerite le Brun, sa Femme, d'un Bail à eux accordé par feu Jacques d'Héricourt, Écuyer, Seigneur de Barastre, de la Maison & Ferme de Catinieres, au profit de Jacques de Bacquehem, aussi Seigneur en partie dudit Barastre ; daté du 20 Décembre 1591.

[1604.] Bail du Moulin Seigneurial de la Terre & Seigneurie de Barastre, au profit de Charles de Bacquehem, Écuyer, Seigneur de Barastre ; daté de l'an 1604.

Nota. Beaucoup de Titres, Lettres de Services, Brevets & Commissions, ayant été perdus en 1557, à la prise du Château de Beaurevoir, par les Espagnols, & de celui de Bohain, en 1588, par les Troupes du parti rebelle de M. de Balagny ; & postérieurement, en 1636, lors du passage tenté au Village du Sart par les Espagnols ; ainsi qu'en l'année 1550, où tout le Village du Sart fut encore détruit par les ennemis de l'État ; il n'est pas possible d'en justifier : on a cru seulement devoir joindre les Extraits d'une partie de ceux de Barastre, relatifs à cette Branche de la Maison de Recourt, qui posséda pendant quelque temps cette Seigneurie, qui passa ensuite dans la Maison de Bacquehem, ainsi que l'on voit au troisieme Dégré de la Branche des Seigneurs du Sart, & par les Monuments & Épitaphes gravés & peints, dans l'Église de Barastre en Artois.

F I N.

TABLE DES NOMS DES FAMILLES
auxquelles celle de RECOURT est alliée.

Laſſo de Caſtille,	56	Rely,	75.
La Vieuville,	46	Renty,	54
Le Carlier,	94	*Idem*,	96
Lefebvre de Hemſtéede,	54	Robles,	61
Le Loup,	70	Rodart,	69
Lens,	45	Roland,	95
Le Sart,	58	Rubempré,	65
L'Eſpinay de Hayes,	70		
L'Eſpinay de Marteville,	58	Sacqueſpée,	64
Idem,	58	*Idem*,	77
Licques,	49	Saint - Delys,	69
Louvel,	75	Saint - Omer,	63
Louverval,	77	*Idem*,	64
		Sarria,	64
Mailly,	46	Saveuſe,	67
Idem,	74	Signieres,	94
Mallet,	94	Stavelles - Iſenghiem,	52
Merode,	55	Stéeland,	60
Molet,	74		
		Valicourt,	94
Mont-Morency,	64	Velaſco,	66
Nedonchel,	73	Viannes,	46
Nielles,	48	Vieil-Châtel,	93
Noyelles,	65	Wiſſock,	64
Oſtat,	86	Witthem,	55
Oſtrel,	69		
Poulet,	92	Yong,	70
Preſſy,	52		

TABLE DES PRINCIPAUX AUTEURS
Mentionnés en cet Ouvrage.